会社法改正後の
新しい株主総会実務
電子提供制度の創設等を踏まえて

岩田合同法律事務所 弁護士
伊藤広樹 ／ 編著

みずほ信託銀行株式会社　　三菱UFJ信託銀行株式会社　　三井住友信託銀行株式会社
清水博之 ／ **中川雅博** ／ **茂木美樹** ／ 著

中央経済社

はしがき

　一昨年から本年にかけて，政府の法制審議会会社法制（企業統治等関係）部会では，会社法制（企業統治等関係）の見直しが検討され，2019年2月14日開催の法制審議会第183回会議において，「会社法制（企業統治等関係）の見直しに関する要綱」が法務大臣に答申されました。現在，この要綱の内容を踏まえて，政府では改正会社法案の検討が進められていますが，その中では株主総会に関する制度の改正も予定されています。具体的には，「株主総会資料の電子提供制度」という制度が新たに創設されるとともに，株主提案権に関する制度の見直し等がなされる予定です。

　いずれの制度改正も，主に上場会社において，従来の株主総会実務に大きな影響を与えるものであるため，その内容については早期にかつ的確に把握し，実務への影響に関する検討を進めておき，来るべき改正会社法の施行に備えておくことが重要であると言えます。

　筆者らは，中央経済社の発行する月刊誌である「ビジネス法務」において，合計6回（2018年12月号～2019年5月号）にわたり，「会社法改正後の株主総会電子提供制度への実務対応」と題して，株主総会資料の電子提供制度に関する解説記事を連載しましたが，今般，その内容をブラッシュアップした上で，株主提案権に関する制度の見直し等に関する解説を加筆し，本書を刊行することになりました。

　本書では，株主総会に関する制度改正について，法的な観点のみならず，実務的な観点からも，制度の概要や今後の対応方針・留意点等を解説しています。そして，そのような目的から，本書では，上場会社を始めとする多くの株主総会に関与する弁護士である私と，信託銀行の立場からわが国の株主総会・証券代行実務をリードする，三井住友信託銀行株式会社の茂木美樹氏，三菱UFJ信託銀行株式会社の中川雅博氏，みずほ信託銀行株式会社の清水博之氏とがコラ

ボレーションをして，Q＆A・コメント形式で解説を進めていきます。株主との対話の重要性が叫ばれて久しい中，株主総会の在り方も，これまでのように単なる会社法上の手続としての位置付けから大きく変わろうとしています。今般の株主総会に関する制度改正も，このような株主総会実務の大きな変革の中で，重要な役割を果たすものとなるでしょう。

　本書が，株主総会実務に関与されている読者の皆様におかれて，新たな株主総会実務をご理解いただくための一助となれば幸いです。

　最後に，本書を企画され，粘り強く筆者らにお付き合いいただいた株式会社中央経済社実務書編集部和田豊氏には心よりの御礼を申し上げます。また，「ビジネス法務」誌上での連載については，同社ビジネス法務編集部の石井直人氏（現在は実務書編集部），清水咲氏には半年以上にわたり筆者らを献身的にサポートしていただきました。併せて御礼を申し上げたいと思います。

　2019年7月

編著者

岩田合同法律事務所

弁護士　**伊藤 広樹**

目　　次

第1部　株主総会資料の電子提供制度

Ⅰ　電子提供制度の概要等 ···································· 10

Q1　電子提供制度の概要・10

Q2　電子提供制度の意義等・15

Q3　電子提供制度の対象・20

Ⅱ　電子提供措置 ·· 22

Q4　電子提供措置の方法① ―制度の総論・22

Q5　電子提供措置の方法② ―具体的な掲載方法・25

Q6　電子提供措置の実施期限・32

Q7　電子提供措置事項① ―概要・37

Q8　電子提供措置事項② ―議決権行使書面の取扱い・40

Q9　電子提供措置事項③ ―電子提供措置事項以外の情報・43

Q10　電子提供措置を実施した場合における他の株主総会事務への影響等・48

Ⅲ　招集通知 ·· 52

Q11　招集通知の発送期限・52

Q12　招集通知の記載事項① ―法定記載事項・57

6 目　　次

Q13　招集通知の記載事項② ―任意的記載事項等の可否・61

Q14　招集通知の記載事項③ ―任意的記載事項等の内容等・64

Ⅳ　書面交付請求 ·· 67

Q15　書面交付請求① ―概要・67

Q16　書面交付請求② ―各論・70

Q17　書面交付請求③ ―書面交付請求の時期・75

Q18　書面交付請求④ ―書面交付の時期・方法・80

Q19　書面交付請求⑤ ―電子提供の内容と交付書面の内容の同一性・83

Q20　書面交付請求⑥ ―書面交付請求権の排除・87

Q21　書面交付請求⑦ ―フルセット・デリバリー・91

Ⅴ　電子提供制度に関するその他の論点 ···················· 94

Q22　電子提供措置の調査・中断・94

Q23　電磁的方法による招集手続との関係・100

Q24　ウェブ開示制度との関係・103

第2部 ｜ 株主提案権の見直し

Q25　株主提案権の見直しの概要・108

Q26　見直しの範囲・対象・116

Q27　議案の数の制限・119

Q28　議案の数に関する諸問題・123

Q29　目的等による制限・126

目　次　7

第3部 ｜ 議決権行使書面の閲覧等

Q30　議決権行使書面の閲覧等の手続の見直し・130

第1部

株主総会資料の電子提供制度

I 電子提供制度の概要等

Q1 電子提供制度の概要

先日，法制審議会が法務大臣に対して，「会社法制（企業統治等関係）の見直しに関する要綱」を答申したとの報道を目にしましたが，その見直しのなかでは，「株主総会資料の電子提供制度」という制度を新たに創設することが検討されているようです。これはどのような制度なのでしょうか。

1 会社法制（企業統治等関係）の見直しの経緯

　現行会社法は，旧商法の内容を前提に，大幅な見直しがなされたうえで，平成18年5月1日付けで施行されたものです。その後，現行会社法は，監査等委員会設置会社制度の創設，（社外取締役を選任しない場合における）社外取締役を置くことが相当でない理由の説明義務，社外取締役・社外監査役の社外性要件の厳格化，（取締役会から監査役又は監査役会に対する）会計監査人の選解任等に関する議案の内容の決定権の移譲，多重代表訴訟制度の創設等を内容とする改正（平成26年改正会社法，平成27年5月1日施行）を経て現在に至りますが，当該改正後も，あるべき会社法制については各所で様々な議論がなされていました。

　この点に関して，平成26年改正会社法の附則25条では，「政府は，この法律

の施行後２年を経過した場合において，社外取締役の選任状況その他の社会経済情勢の変化等を勘案し，企業統治に係る制度の在り方について検討を加え，必要があると認めるときは，その結果に基づいて，社外取締役を置くことの義務づけ等所要の措置を講ずるものとする。」と定められており，平成26年改正会社法については，改正の当時から，社外取締役の設置の義務づけのみならず，企業統治（コーポレート・ガバナンス）に関連する制度のあり方全般について，検討・見直し等が想定されていました。

　そのような状況のもと，法制審議会第178回会議（開催日：平成29年２月９日）において，法務大臣から法制審議会に対して，「近年における社会経済情勢の変化等に鑑み，株主総会に関する手続の合理化や，役員に適切なインセンティブを付与するための規律の整備，社債の管理の在り方の見直し，社外取締役を置くことの義務づけ等，企業統治等に関する規律の見直しの要否を検討の上，当該規律の見直しを要する場合にはその要綱を示されたい」との諮問（諮問第104号）がなされ，かかる諮問を受け，法制審議会において「会社法制（企業統治等関係）部会」（以下「部会」といいます）が設置され，企業統治等に関する規律の見直しに関する調査・審議を行うことが決定されました。

　そして，部会第10回会議（開催日：平成30年２月14日）において，「会社法制（企業統治等関係）の見直しに関する中間試案」（以下「中間試案」といいます）が取りまとめられ，パブリック・コメント手続（意見公募手続）に付されました。その後，パブリック・コメント手続（意見公募手続）において各所から示された意見を踏まえ，引き続き部会においてさらなる調査・審議が進められた後，部会第19回会議（開催日：平成31年１月16日）において，「会社法制（企業統治等関係）の見直しに関する要綱案」が取りまとめられ，その後の法制審議会第183回会議（開催日：平成31年２月14日）において，「会社法制（企業統治等関係）の見直しに関する要綱」（以下「要綱」といいます）が法務大臣に答申されました。

　今後は，政府において要綱の内容を踏まえて改正会社法案が作成され，国会に提出されることになります。

2 株主総会資料の電子提供制度の概要

　「株主総会資料の電子提供制度」とは，概要，会社が，株主に対して，株主総会資料の書類を交付・提供する代わりに，これらの書類に記載すべき事項に係る情報を電磁的方法により提供する措置を講じる制度をいいます。端的に言えば，これまで各株主に「書面」で渡していた株主総会資料について，「書面」の代わりに，会社のウェブサイト等において「電子ファイル」を掲載することで足りることとする制度です。

　会社においては，これまで「書面」で用意していた株主総会資料を「電子ファイル」で用意することになりますので，その準備に大きな影響が生じ得ます。また，株主にとっても，これまで郵便で「書面」が届いていた株主総会資料を，会社のウェブサイトに自らアクセスする等して閲覧等しなければなりませんので，その影響は小さいものではありません。したがって，「株主総会資料の電子提供制度」の導入は，今後の株主総会実務に大きな影響を与え得るものであると言えるでしょう。

　もっとも，（狭義の）招集通知については，現行会社法に基づく記載事項よりもその内容が簡略化されるものの，従前どおり書面により作成され，株主に発送されることになります。また，いわゆるデジタル・ディバイドの問題を考慮して，株主から会社に対して，書面により株主総会資料の交付を請求すること（書面交付請求）も可能になります。このように，「株主総会資料の電子提供制度」の導入は，株主総会資料の電子化を推し進める施策である一方で，一部については従来どおり書面も存続することとなるため，留意が必要です。

　また，「株主総会資料の電子提供制度」の導入に伴い，既存の株主総会に関する制度にも一定の影響を与え得るため，電磁的方法による招集通知等の提供（会社法299条3項等）やいわゆるウェブ開示（会社法施行規則94条1項・133条3項，会社計算規則133条4項，134条4項）の制度についても，「株主総会資料の電子提供制度」の導入後においてどのように取り扱うべきであるか，部会では

あわせて議論がなされました。

（伊藤広樹）

Comment

　現行会社法においても，株主総会の招集通知をインターネットにより発出することができる制度がありますが，これは2002年に開始されたものです。今回の改正は，当時に比べ格段に普及したインターネット環境を前提として現在に相応しく使いやすい制度を構築しようとするものです。　（茂木美樹）

Column

「会社法制（企業統治等関係）の見直しに関する要綱」の概要

　「会社法制（企業統治等関係）の見直しに関する要綱」では，株主総会資料の電子提供制度の創設や，後述する株主提案権の見直し等の株主総会に関連する事項のみならず，企業統治（コーポレートガバナンス）に関連する制度を中心に，様々な見直し等が予定されています。その概要は以下のとおりです。

１．株主総会に関する規律の見直し

(1)　株主総会資料の電子提供制度

　・現在は書面で提供されている株主総会資料を，電子ファイルをウェブサイトに掲載する方法により株主に提供する電子提供制度を創設する。

(2)　株主提案権

　・株主提案権について，提案することができる議案の数・目的等について制限を設ける。

２．取締役等に関する規律の見直し

(1)　取締役等への適切なインセンティブの付与

　・株式報酬等のインセンティブ報酬を含む役員報酬制度に関する規律を見直す。

14　第1部　株主総会資料の電子提供制度

　　　　・会社補償（役員に対する責任追及等に関して役員が要した費用を会社が
　　　　　負担すること等），D&O保険（会社役員賠償責任保険）に関する規律・
　　　　　手続を定める。
　　(2)　社外取締役の活用等
　　　　・会社と取締役（執行役）との利益が相反する状況にある場合その他取締
　　　　　役（執行役）が，会社の業務を執行することにより株主の利益を損なう
　　　　　おそれがある場合に，会社が，社外取締役に対してその業務執行を委託
　　　　　することができ，社外取締役がかかる業務執行を行っても社外性を喪失
　　　　　しない制度を創設する。
　　　　・監査役会設置会社（公開会社かつ大会社に限る）である有価証券報告書
　　　　　提出会社は，社外取締役の設置を義務づけられる。

　３．その他
　　(1)　社債の管理
　　　　・社債管理者を設置することを要しない場合に，社債管理業務を委託する
　　　　　ことができる社債管理補助者制度を創設する。
　　　　・社債権者集会の決議の省略に関する規律を創設する。
　　(2)　株式交付
　　　　・株式会社が他の株式会社をその子会社とするために当該他の株式会社の
　　　　　株式を譲り受け，その対価として自社の株式を交付する制度（株式交付
　　　　　制度）を創設する。
　　(3)　その他
　　　　・責任追及等の訴えに係る訴訟における和解
　　　　・議決権行使書面の閲覧等
　　　　・株式の併合等に関する事前開示事項
　　　　・会社の登記（新株予約権・支店）に関する見直し
　　　　・取締役等の欠格条項の削除等

　　　　　　　　　　　　　　　　　　　　　　　　　　　　　　（伊藤広樹）

I　電子提供制度の概要等　15

Q2　電子提供制度の意義等

新たに「株主総会資料の電子提供制度」を創設することには，どのような
意義・メリットがあるのでしょうか。現行会社法でも，電磁的方法による
招集通知等の提供や，いわゆるウェブ開示といった類似の制度がすでに存
在していますが，これらの既存の制度との違いを教えてください。

1　電子提供制度の意義・メリット

　「株主総会資料の電子提供制度」とは，概要，会社が，株主に対して，株主
総会資料に記載すべき事項に係る情報を電磁的方法により提供する制度をいい
ます。したがって，この電子提供制度の導入後においては，会社は，原則とし
て株主総会資料を書面で作成・交付する必要がなくなります。

　そのような観点から，電子提供制度の意義・メリットとしては，まず，①会
社が株主総会資料の印刷・郵送等に要する手間・費用を削減できるということ
が挙げられます。即ち，現在は，株主総会資料を作成した後，株主総会資料の
印刷・封入・発送の作業が発生し，書面であるが故の手間がかかることになり
ます。また，これらの作業は，通常，外部の専門機関に対して委託するもので
あるため，会社はその委託費を負担しなければならないことに加え，紙・封筒
等の実費や郵送費も生じるため，株主総会資料に関連する費用は相当程度のも
のとなります。したがって，電子提供制度の導入により，これらの手間・費用
を削減できることになります。

　また，より積極的な意義・メリットとしては，②このような手間を削減でき
ることにより，従来よりも早期に株主に対して株主総会資料を提供することが
可能となり，また，形式が書面に限定されないことにより，株主総会資料に盛
り込む情報を充実させることも可能となるため，それらの結果，会社と株主と
の間のコミュニケーションの質が向上するということが挙げられます。更に，

16　第1部　株主総会資料の電子提供制度

株主に対して早期に情報を提供できることにより，株主側で株主総会資料（議案等）に関する検討期間をより確保できる点でコミュニケーションの質の向上につながり，また，いわゆる「紙幅の都合」がなくなるため，株主総会資料により多くの情報を盛り込むことができるのみならず，文章・図表等以外にも，たとえば動画・映像等を活用した情報提供が可能になる点でも，コミュニケーションの質の向上につながることが企図されています。

　このように考えると，電子提供制度は，株主総会を単なる会社法上の手続としてではなく，株主との「対話」の機会として捉える近時のトレンドを，更に後押しする制度であると言えるでしょう。

電子提供制度の意義・メリット

① 　会社が株主総会資料の印刷・郵送等に要する手間・費用を削減できる。
② 　従来よりも早期に株主に対して株主総会資料を提供することや，株主総会資料に盛り込む情報を充実させることも可能となることから，会社と株主との間のコミュニケーションの質が向上する。

2 　電磁的方法による招集通知等の提供

　ところで，現行会社法上も，会社は，書面ではなく電磁的方法によって株主に招集通知等を提供することが可能です。具体的には，会社は，株主の承諾を得ることによって，電磁的方法により招集通知，株主総会参考書類及び議決権行使書面を提供することができるとされています（会社法299条3項，301条2項，302条2項）。

　しかしながら，実際にこの制度を採用している会社は極めて少数に留まるとされています。その理由は，個々の株主から承諾を得ることが煩雑であるためとされています。特に上場会社の場合には，多くの株主が存在するため，これらの個々の株主から個別に承諾を得ることは極めて困難であると言えます（なお，仮に一部の株主から承諾を得ることができたとしても，大半の株主から承

I 電子提供制度の概要等　17

諾を得られていない場合には，結局のところ株主総会資料の印刷・封入・発送の作業等が従前どおり発生するため，株主総会資料の準備に要する手間等にあまり変わりはないことになります）。

　これに対して，電子提供制度については，その導入にあたり，個々の株主の承諾を得ることは不要とされています。具体的な手続については後記Q3（電子提供制度の対象）をご参照いただきたいと思いますが，会社は，定款規定を根拠として電子提供制度を導入することができるため，仮に一部の少数株主がその導入に反対していたとしても，全ての株主について，強制的に制度を導入することが可能です。

電磁的方法による招集通知等の提供	株主総会資料の電子提供制度
個々の株主の承諾が必要 ⇩ 採用している会社が極めて少数	個々の株主の承諾は不要 （定款規定により導入可能）

③ ウェブ開示

　現行会社法においても，株主総会資料に関する情報を会社のウェブサイトに掲載できる制度（ウェブ開示）が存在しています。具体的には，株主総会参考書類，事業報告，計算書類及び連結計算書類に記載すべき事項の一部について，定款にその旨の定めを設けた上でウェブサイトに掲載し，そのウェブサイトのアドレス（URL）を株主に通知することにより，当該事項が株主に提供されたものとみなされる制度です（会社法施行規則94条1項・133条3項，会社計算規則133条4項，134条4項）。会社は，ウェブサイトにこれらの事項を掲載することにより，招集通知において当該事項の記載を省略することができます。

　ウェブ開示制度については，実際に多くの会社が導入していますが，対象となる事項が限られている点で，株主総会資料の電子化の観点からは十分な制度

18　第1部　株主総会資料の電子提供制度

ではないと言えます。たとえば，株主総会参考書類については，議案はウェブ開示制度の対象外とされており，また，計算書類については，株主資本等変動計算書及び個別注記表のみがウェブ開示制度の対象となり，貸借対照表及び損益計算書等は対象外とされています（なお，連結計算書類については，その全てがウェブ開示制度の対象とされています）。

　これに対して，電子提供制度については，対象となる事項に制限はなく，株主総会資料全般がその対象とされており，その電子化の範囲はより広範であると言えます。

ウェブ開示制度	株主総会資料の電子提供制度
対象となる事項が限定されている ⇩ 電子化の観点からは十分でない	株主総会資料全般が対象 ⇩ 電子化の範囲がより広範

（伊藤広樹）

Comment
　新たな「株主総会資料の電子提供制度」は，株主総会の議決権行使判断のためにより充実した情報を早期に提供することを可能とすることを目的としています。招集通知をインターネットで閲覧することが前提となるため，会社にとっては，一段踏み込んだ情報をリンクで提供する等情報提供の工夫の余地が広がります。
（茂木美樹）

I 電子提供制度の概要等　19

Column

ウェブ開示制度の概要

　本文中でも述べたとおり，現行会社法においても，株主総会参考書類，事業報告，計算書類及び連結計算書類に記載すべき事項の一部について，定款にその旨の定めを設けた上でウェブサイトに掲載し，そのウェブサイトのアドレス（URL）を株主に通知することにより，当該事項が株主に提供されたものとみなされるウェブ開示制度が存在しています（会社法施行規則94条1項・133条3項，会社計算規則133条4項，134条4項）。

　ウェブ開示制度を導入するためには，その旨の定款規定が必要ですが，実際にウェブ開示を実施するにあたっては，（一部解釈に争いはあるものの）取締役会決議が必要であるとされています。また，監査役，監査等委員会又は監査委員会が株主総会参考書類及び事業報告においてウェブ開示を実施することに異議を述べている事項については，ウェブ開示を実施することはできません（会社法施行規則94条1項5号，133条3項2号）。なお，ウェブ開示を実施する場合には，招集通知の発送日からウェブサイトでの掲載を開始し，株主総会の開催日から3か月を経過する日まで，これを継続する必要がありますので，留意が必要です。

（伊藤広樹）

20　第1部　株主総会資料の電子提供制度

Q3　電子提供制度の対象

① 電子提供制度の対象となる会社は，上場会社に限定されるのでしょうか。また，電子提供制度の採用が義務づけられる場合はあるのでしょうか。

② 会社が電子提供制度を採用するためには，どのような手続が必要になるのでしょうか。

　電子提供制度は，定款に電子提供措置をとる旨の規定を置く株式会社に適用されます。株式会社であれば，上場会社に限らず，非上場会社も，当該定款規定を定めることにより電子提供制度を採用することができることとなります（要綱第1部第1の1）。また，会社の規模にかかわらず，株式会社は電子提供制度を採用することが可能です。

　電子提供制度は，株主総会における情報の提供時期の早期化，情報の充実を実現することにより，企業と株主・投資家との建設的な対話を促進するための一つの方策と位置づけて制度の検討が進められてきたことから，上場会社については電子提供制度の採用が義務づけられ，社債，株式等の振替に関する法律（以下「振替法」といいます）2条2項に規定する振替機関は，当該定款の定めがある株式会社の株式でなければ振替株式として取り扱うことができない旨の規定が置かれることとなります（要綱第1部第1の1（注1））。

　即ち，振替機関が振替株式として取り扱うことができる株式は，電子提供措置をとる旨の定款規定がある株式会社が発行するものに限られることから，事実上，上場会社には電子提供制度の採用が義務づけられることとなります。

　前述のとおり，電子提供制度を採用するには定款に電子提供措置をとる旨の規定を置くことが必要ですが，上場会社をはじめとする振替株式（振替法128条1項）を発行する会社は，改正法の施行日において当該定款規定を定めることとする定款変更の決議をしたものとみなされ，電子提供制度の採用にあたり株主総会を開催して定款を変更することは必要とされません（要綱第1部第1の

1（注2））。なお，変更した定款は，本支店において備置するとともに，上場する金融商品取引所，証券保管振替機構に提出することになります。

　これに対して，非上場会社においては，株主総会において電子提供措置をとる旨の規定を定める定款変更が必要となります。特に，改正法施行日後に株式の上場を予定する会社は，上場前に株券不発行会社である旨の規定を定めることとあわせて，電子提供措置をとる旨の規定を定める定款変更を行うことが必要となるでしょう。

　電子提供措置をとる旨の定款の定めは登記事項とされる（要綱第1部第1の1（注3））ため，当該定款の定めを置く会社は，本店において定款変更後2週間以内にその旨の登記を行うことが必要となります。

```
┌──────────────────────────────────────────────┐
│  上場会社（振替株式発行会社） → みなし定款変更          │
│                                                    │
│  非上場会社 → 定款変更手続（株主総会の特別決議）が必要  │
└──────────────────────────────────────────────┘
```

（茂木美樹）

Comment
　定款変更には，通常，株主総会の特別決議が必要になり，実務上の負担が大きいため，株主総会の電子化の促進につながりにくくなってしまうという懸念がありました。

　このような懸念に応えるべく，上場会社では，いわゆる「みなし定款変更」の制度が設けられますので，電子提供制度の導入にあたり，株主総会の特別決議を経る必要はありません。

　他方で，非上場会社には「みなし定款変更」の制度が適用されませんので，実際に定款変更手続を経る必要があることには，留意が必要です。

（伊藤広樹）

Ⅱ　電子提供措置

Q4　電子提供措置の方法①─制度の総論

株主総会資料を電子提供する（電子提供措置）には，どのようなことをすればよいのでしょうか。要綱では，電子提供措置とは「電磁的方法により株主…が情報の提供を受けることができる状態に置く措置であって，法務省令で定めるもの」とされていますが，その具体的な方法や実務上の留意点を教えてください。

　電子提供措置は，株主総会資料を自社ホームページ等のウェブサイトに掲載し，株主に対して当該ウェブサイトのアドレス等を書面により通知した場合には，取締役は株主に対して株主総会資料を適法に提供したものとする制度です。株主総会資料を掲載するウェブサイトのアドレス等は，招集通知に記載されることにより，株主に通知されることとなります。

　招集通知の発送期限は，中間試案においては，株主総会の日の4週間前までとする案（A案），株主総会の日の3週間前までとする案（B案），現行法と同様に株主総会の日の2週間前までとする案（C案）の3案が提案されていましたが，要綱では，現行会社法と同様に，株主総会の日の2週間前までとするC案が採用されることとなりました（要綱第1部第1の3①）。

　電子提供制度は，株主総会における情報の提供時期の早期化を実現する方法として検討されてきたこともあり，株主総会資料について電子提供措置を開始

する日（以下「電子提供措置開始日」といいます）については，現行会社法の招集通知の発送期限（株主総会の日の２週間前の日）よりも早いタイミングである，株主総会の日の４週間前の日又は招集通知を発した日のいずれか早い日とする案（Ａ案）と株主総会の日の３週間前の日又は招集通知を発した日のいずれか早い日とする案（Ｂ案）の２案が中間試案において提案されていました。これらの２案に関しては，様々な意見が示されましたが，実務界を中心にＢ案に賛成する意見が多数であり，要綱ではＢ案（株主総会の日の３週間前の日又は招集通知を発した日のいずれか早い日）（要綱第１部第１の２①）が採用されました。但し，Ａ案を支持する意見も相当数あったことから，別途，金融商品取引所の規則において，上場会社は，株主による議案の十分な検討期間を確保するために電子提供措置を株主総会の日の３週間前よりも早期に開始するよう努める旨の規律を設ける必要があるとする附帯決議が要綱とあわせて決定されています。

電子提供の対象は，事業報告，計算書類等の招集通知添付書類や株主総会参考書類に関する事項が予定されています（要綱第１部第１の２①ア〜キ）。また，電子提供措置の対象となる事項は，電子提供措置開始日から，株主総会の日以後３か月を経過する日までの間継続して電子提供措置をとる必要があるとされています（要綱第１部第１の２①）。

この「３か月」という期間は，株主総会の決議取消しの訴えの出訴期間を意識したものです。即ち，株主総会の決議取消しの訴えとは，①株主総会の招集の手続又は決議の方法が法令若しくは定款に違反し，又は著しく不公正な場合，②株主総会の決議の内容が定款に違反する場合，③株主総会の決議について特別の利害関係を有する者が議決権を行使したことによって，著しく不当な決議がなされた場合に，株主等が株主総会の決議の日から３か月以内に，訴えをもって当該決議の取消しを請求することができるとする制度です（会社法831条１項）。株主が株主総会の決議取消しの訴えを提起するために，株主総会資料が証拠として用いられることも考えられるため，「３か月」の出訴期間の間はその提供を継続させることとしています。

24 第1部 株主総会資料の電子提供制度

【図1-1】電子提供措置期間

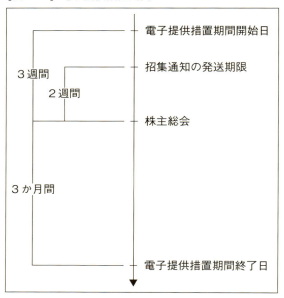

(茂木美樹)

Comment

　電子提供措置期間については，株主総会の決議取消しの訴え以外の訴訟類型も考慮すべきではないかとの意見もみられました。たとえば，組織再編無効の訴えは提訴期間が6か月であり（会社法828条1項7号～同項12号），また，株主総会決議の不存在・無効確認の訴えに至っては，提訴期間がありません（会社法830条）ので，電子提供措置期間を「3か月」にすることは論理必然でなく，「1年」とすることも考えられるのではないかとの意見も示されていました。

　他方で，「1年」という期間も論理必然ではなく，具体的な根拠があるものではありません。むしろ，仮に株主総会決議の不存在・無効確認の訴えを考慮するのであれば，未来永劫，電子提供措置を実施すべきとの結論にもなりかねませんので，結果的には，中間試案と同様に，株主総会の決議取消しの訴えの提訴期間である「3か月」に落ち着きました。

(伊藤広樹)

II 電子提供措置 25

Q5 電子提供措置の方法② ―具体的な掲載方法

株主総会資料の電子提供措置として，株主総会資料を自社のウェブサイト以外に掲載することも許されるのでしょうか。たとえば，金融商品取引所のウェブサイトやEDINET（開示用電子情報処理組織）を利用して株主総会資料を掲載することも可能なのでしょうか。

1 電子提供措置の方法

　要綱では，電子提供措置について，「電磁的方法により株主（種類株主総会を招集する場合にあっては，ある種類の株主に限る）が情報の提供を受けることができる状態に置く措置であって，法務省令で定めるもの」と定義されています（要綱第1部第1の1柱書括弧書）。ここでのポイントは，電子提供措置とは，①「電磁的方法」によるもの，②「株主」が情報提供を受けることができるものであるという点です。

　まず，上記①の「電磁的方法」については，その具体的な内容は法務省令で定められることになりますので，最終的には法務省令の内容を待つ他ありませんが，中間試案では，「電磁的方法により株主が提供を受けることができる状態に置く措置」の具体的な内容として，「電子公告の方法に準じて，会社法施行規則222条1項1号ロに掲げる方法のうち，インターネットに接続された自動公衆送信装置を使用するものによる措置」が挙げられており，電子公告と同様の方法が想定されていました。この点については，法務省令において具体的にどのような方法が定められるかは必ずしも定かではありませんが，おそらくこの中間試案の考え方が一つの基準になるのではないかと推測されます。

　したがって，株主総会資料の掲載場所は，電子公告と同様に，法令の要件を満たしたウェブサイトであれば，必ずしも自社のウェブサイトに限られないことになるのではないかと推測されます。

26　第1部　株主総会資料の電子提供制度

　次に，前記②の「株主」については，電子提供措置は，電子公告と異なり，広く一般に公表することは必須でなく，株主に対して公表されていれば足りることを意味しています。そのため，たとえば，株主に対してIDやパスワードを発行し，これらを用いて株主がログインした場合にのみ株主総会資料を閲覧できるとする取扱いも許容されると考えられます。なお，招集通知等の株主総会資料は，現在も会社や金融商品取引所のウェブサイトを通じて一般に広く公開されていますので，電子提供制度の導入後，株主に対してIDやパスワードを発行し，その閲覧等を株主のみに限定する実益は乏しいとも考えられますが，主に，（追って解説する）議決権行使書面に記載すべき事項について電子提供措置を講じる場合には，個々の株主固有の情報が含まれるため，具体的に問題になり得ると考えられます。

| 電子提供措置の方法 | ・電子公告と同様の方法が想定されている。
　→自社のウェブサイトに限られない。 |
| | ・一般に公表することは必須でなく，株主に対して公表されていれば足りる。 |

2　実務上の留意点

　上記1のとおり，電子提供措置については，概ね電子公告と同様の方法が想定されていると推測されることから，電子公告に求められる条件と同様に，ウェブサイトに掲載された情報の内容を閲覧できること，その情報の内容を印刷できること，その情報を自己のパソコン等に保存できること等が必要になると考えられます（会社法施行規則223条，222条1項1号ロ，同条2項参照）。

　また，電子提供措置により掲載された株主総会資料については，株主が，紙に印刷して閲覧するだけでなく，パソコンやタブレット・スマートフォン等で閲覧することも想定されます。むしろ，電子化の意義を貫くとすると，紙に印

刷して閲覧することを想定するのではなく，電子デバイス等を利用して株主総会資料が閲覧されることを想定すべきであるとも言えます。そのような観点からは，株主総会資料の作成にあたっては，このようなパソコンやタブレット・スマートフォン等でも見やすいような構成・内容とすることが望ましく，また，必要に応じてスマートフォン用のページを作成することも検討に値するのではないでしょうか。

3 金融商品取引所のウェブサイトの利用の可否

　部会では，電子提供措置として，上場会社が金融商品取引所のウェブサイトを利用して株主総会資料を掲載することについて議論がなされていました。現在も，上場会社は金融商品取引所のウェブサイトに招集通知等を掲載しているため，これと同様に株主総会資料を掲載することにより，電子提供措置を実施したものとすることができるか否かが問題になりました。

　この点に関して，要綱上，金融商品取引所のウェブサイトの利用の可否については明記されておらず，先程述べたように「法務省令」の内容によることになります。もっとも，部会では，東京証券取引所がそのウェブサイトを電子提供措置に利用できるように検討している旨の発言（具体的には，部会の委員による「東証のホームページを自社のホームページ等のサブ媒体として，電子提供措置に使用できるようにしていただけると伺っております」との発言（部会第18回会議・古本委員発言））があり，今後，そのような方向で検討が進められるのではないかと推測されます。

4 EDINETの利用の可否

　部会では，EDINET（開示用電子情報処理組織）において，株主総会資料の電子提供措置を行うことができないかについても議論がなされていました。EDINETとは，金融商品取引法に基づく有価証券報告書等の開示書類を電子的

28　第1部　株主総会資料の電子提供制度

に提出・縦覧するシステムです。定期保守等を除き，24時間365日稼働しており，その安定性から，電子提供措置のプラットフォームとしての役割が期待されていました。

　結論としては，要綱上，金融商品取引法24条1項の規定により有価証券報告書を提出しなければならない株式会社が，電子提供措置を開始すべき日（原則として株主総会の日の3週間前の日）までに，電子提供措置をすべき事項を記載した有価証券報告書をEDINETを使用して提出した場合には，当該事項については，電子提供措置を実施する必要はないとされています（要綱第1部第1の2③）。

　ここで注意すべきであるのは，「EDINETを通じて株主総会資料の電子提供を行うことができる」のではなく，「株主総会資料に記載すべき事項を記載した有価証券報告書がEDINETを通じて提出された場合には，電子提供措置を実施する必要がない」ということです。言い換えると，会社は，EDINETを通じて，株主総会資料を単体で提出することができるのではなく，あくまでもEDINETを通じて提出する有価証券報告書において，株主総会資料に記載すべき事項を記載することができる（これにより，電子提供措置を実施することが不要となる）に過ぎないということです。そして，前記のとおり，この場合の有価証券報告書は，電子提供措置を開始すべき日（原則として株主総会の日の3週間前の日）までに提出する必要があるため，株主総会資料についてEDINETを活用しようとする場合には，株主総会の開催前に有価証券報告書を提出することが必要となります。

　現在，多くの上場会社は，株主総会の開催後にEDINETを通じて有価証券報告書を提出しており，株主総会の開催前に有価証券報告書を提出している会社は極めて少数に留まります。これは，株主総会の開催前に有価証券報告書を提出する場合，監査スケジュールを前倒しする必要があり，会計監査人や関係部署との間での調整が必要になる等，会社の事務負担が増大するというデメリットの他，株主総会の運営実務の観点からは，株主総会の開催前（特に直前）に有価証券報告書が提出された場合，有価証券報告書には会社・役員等に関する

詳細な情報が記載されていることから，株主総会において，これらの情報について株主からの質問を誘発したり，会社に対して（有価証券報告書に記載されている情報を前提とした）より詳細な回答を求められたりする可能性があるというデメリットがあると考えられるためです。したがって，株主総会資料についてEDINETを活用しようとする場合には，このようなデメリットを受け入れたうえで，株主総会の開催前に有価証券報告書を提出する必要がありますが，電子提供制度の導入後，実際にこの方法を利用する会社がどの程度現れるかは，非常に興味深いところです。

　ところで，株主総会資料に関するEDINETの利用方法がこのような設計になった背景には，いわゆる「事業報告等と有価証券報告書の一体的開示」の議論が影響しているとされています。「事業報告等と有価証券報告書の一体的開示」とは，それぞれ会社法・金融商品取引法を根拠とする異なる書類である事業報告等と有価証券報告書について，効果的かつ効率的な開示の実現のために，双方の要請を満たす一つの書類を作成し，株主総会前に開示することを目指すものであり，現在，政府を中心に，その取組みに向けた支援（一体的開示の記載例等の提示）が進められています（内閣官房，金融庁，法務省，経済産業省「事業報告等と有価証券報告書の一体的開示のための取組の支援について」（平成30年12月28日）参照）。そして，このような一体的開示の取組みをより一層推し進める観点から，株主総会資料を有価証券報告書の中に取り込むことにより，株主総会資料に関するEDINETの利用方法が設計されたと考えられます。

　なお，電子提供措置をすべき事項については，必ずしも有価証券報告書本体に記載される必要はなく，添付書類に記載されることでも足りるとされています。したがって，実際には，有価証券報告書本体に電子提供措置をすべき事項が記載される例よりも，有価証券報告書の提出と同時に，その添付資料として株主総会資料が提出される例が相対的には多くなるのではないかと推測されます。

　また，株主総会資料に関してEDINETを利用できるのは，定時株主総会に限

30　第1部　株主総会資料の電子提供制度

られ，臨時株主総会では利用できないことに留意が必要です。加えて，電子提供措置をすべき事項のうち，議決権行使書面に記載すべき事項については，EDINETの利用の対象外とされている（したがって，議決権行使書面については，別のウェブサイトに掲載する（電子提供措置を別途実施する）か，あるいは，書面自体を株主に交付する必要がある）ことにも留意が必要です。

　株主がEDINETを通じて株主総会資料を閲覧するためには，株主が，株主総会資料がEDINETに掲載されていることを認識する必要がありますが，そのために，要綱では，招集通知において，株主総会資料がEDINETに掲載されている場合にはその旨を記載する必要があるとされています。詳細については，後記Q12（招集通知の記載事項①—法定記載事項）をご参照ください。

EDINETを利用する場合のポイント

・電子提供措置の代わりに，EDINETを通じて提出する有価証券報告書において，株主総会資料に記載すべき事項を記載することができる（EDINETを通じて，株主総会資料を単体で提出することができるのではない）。
・有価証券報告書は，株主総会の開催前（具体的には，株主総会の日の3週間前の日）に提出する必要がある。
・有価証券報告書本体でなく，添付資料に記載することでも足りる。
・定時株主総会のみが対象となり，臨時株主総会は対象外。
・議決権行使書面に記載すべき事項は対象外。

（伊藤広樹）

Comment

　現在は株主の手元に詳細な招集通知が届きますが，電子提供制度のもとでは，株主は招集通知に記載されたウェブサイトにアクセスしてウェブサイト上の株主総会資料を閲覧することになります。ウェブサイトへのアクセスはできるだけ手間がかからないようにするのが望ましいと考えられますので，たとえば，招集通知に二次元コードをあらかじめ印刷しておき，株主がスマートフォン等で二次元コードを読み取ってウェブサイトにアクセスできるような工夫をすることが考えられます。

　招集通知での二次元コードの活用は，すでに一部の企業で取組みが進められていて，以下のような取組事例がみられます。電子提供制度の施行前にこうした取組みを実施することは，電子提供制度への円滑な移行にも資すると考えられますので，可能な範囲で検討してみるのも有意義と言えます。

・スマートフォンで見やすい招集通知を作成して自社ウェブサイト等に掲載し，招集通知に二次元コードを印刷する事例
・ウェブ開示している資料へのアクセスを容易にするため，招集通知に二次元コードを印刷する事例
・招集通知に記載された事項に関して，特設サイトを開設している等，より詳細な情報がウェブサイト上にある場合に，招集通知に二次元コードを印刷して，詳細な情報にアクセスしやすくする事例　　　　　（中川雅博）

32　第1部　株主総会資料の電子提供制度

Q6　電子提供措置の実施期限

株主総会資料の電子提供措置はいつまでに実施する必要があるのでしょうか。要綱では，現行会社法に基づく招集通知の発送時期よりも早い時期に電子提供措置を実施することになっていますが，このように現行会社法よりもタイミングが前倒しされることによる実務上の留意点についても教えてください。

1　要綱及び附帯決議の内容

電子提供措置を実施すべき時期について，要綱では，株主総会の日の3週間前の日又は招集通知を発した日のいずれか早い日としています（要綱第1部第1の2①）。

また，要綱の取りまとめに際しては，これまでの議論及び株主総会の招集の手続に係る現状等に照らし，現時点における対応として，要綱に定めるものの他，金融商品取引所の規則において，上場会社は，株主による議案の十分な検討期間を確保するために電子提供措置を株主総会の日の3週間前よりも早期に開始するよう努める旨の規律を設ける必要があるとの附帯決議がなされています。

2　要綱に至る経緯

中間試案では，電子提供措置の開始日を株主総会の日の4週間前の日又は招集通知を発した日のいずれか早い日とする案（A案）と，株主総会の日の3週間前の日又は招集通知を発した日のいずれか早い日とする案（B案）が示されていました。

中間試案のパブリック・コメントに寄せられた意見は，B案に賛成するもの

が多数でしたが，株主との建設的な対話の促進等の観点から，可能な限り早期に電子提供措置が開始されるようにすべきである等としてＡ案に賛成するものも多くありました。

その後の部会の審議でも意見が分かれましたが，結局，要綱では中間試案のＢ案（株主総会の日の３週間前の日または招集通知を発した日のいずれか早い日）を採用することとなり，こうした部会での審議を踏まえて，株主総会の日の３週間前よりも早期に電子提供措置を開始することをソフトロー（金融商品取引規則）で求める旨の附帯決議がなされることとなりました。

③ 実務上の留意点

2018年６月総会会社（３月31日を基準日とする2,400社を対象）が招集通知を金融商品取引所のウェブサイトに掲載したタイミングを筆者が所属する組織で調査したところ，その平均値は株主総会の日の22.5日前でした。この調査結果からは，電子提供措置の開始日が要綱にある株主総会の日の３週間前であれば，多くの上場会社は特段の対応をしなくても済むことになります。

次に，附帯決議によると，金融商品取引所は上場会社に対して電子提供措置開始日を株主総会の日の３週間前よりも早期とすることを求める努力義務を定めることとなります。上場会社としては，株主総会の日の３週間前の日という法定期限日に電子提供措置を開始したのでは，必ずしも株主に十分な議案検討期間が確保されないという点に留意して，株主総会資料の校了時期を早める等の対応に努める必要があります。

また，部会の審議の過程では，「ソフトローの形か何かで，電子提供措置開始日は，総会招集の取締役会決定後，招集通知の校了後，この段階で早期開示に努めるように促す方法を是非検討していただきたい」という意見も出されていました（部会第17回会議・三瓶委員発言）。株主総会資料の校了時期を早める努力とともに，電子提供措置の開始は，株主総会資料校了後速やかに行うことが望まれている点にも十分に意識して取り組む必要があると思われます。

実務上の対応が悩ましいケースとしては，株主提案権の行使期限（株主総会の8週間前）間際に株主提案権が行使された場合が挙げられます。株主提案権が行使されると，提案株主の行使要件（形式要件）の確認，提案内容の実質的な確認，取締役会意見の作成，株主総会資料への反映等の対応が必要となりますので，相当に窮屈な日程で株主総会資料を校了しなければならなくなる可能性があります。

また，株主総会資料の校了時期を早めることが難しい場合には，株主総会の日を後倒しにして株主総会資料の作成日程を確保することも考えられます。但し，その場合，各社がいわゆる集中日に株主総会を開催することになりますが，このような対応は株主総会開催日の分散化傾向に水を差す懸念もありますので，安易にそのような対応を行うのは望ましくないでしょう。

一方で，決算日から3か月以内に定時株主総会を開催するという現在の慣例のために株主総会の準備日程が窮屈になっているのだから，株主総会の基準日を決算日とは異なる日に設定（たとえば，3月決算会社が株主総会の基準日を4月末日等に設定）して，よりゆったりした日程で株主総会を開催すればよいという意見もあり得るところです。

株主総会資料の電子提供制度の創設を機に，3月決算会社が6月ではなく7月等に株主総会を開催する動きが出てくるかもしれません。　　　　　　（中川雅博）

Comment

株主提案権が行使された場合には，株主総会資料への反映までに，社内での検討の他，実務的には提案株主（特にアクティビスト）との協議・交渉が必要になるケースもあります。

たとえば，株主提案の内容・趣旨の確認，株主総会資料における株主提案の具体的な記載内容に関する協議，会社提案議案の内容との比較・調整等が必要になり得ますので，電子提供措置開始日のタイミングを決定するにあたっては，このような要素への配慮も必要です。

（伊藤広樹）

Ⅱ　電子提供措置　35

Column

株主提案権行使後の会社の対応

　株主提案権が行使された場合の対応としては，①提案株主の行使要件（形式要件）の確認，②提案内容の実質的な確認，③取締役会意見の作成，④招集通知への反映等があります。以下，その概要を説明します。

① **提案株主の行使要件（形式要件）の確認**
　行使要件の確認には，株主確認，書面性の確認，保有議決権数の確認，株式保有期間の確認，請求時期の確認があります。各社の株式取扱規程では，一般に，株主が少数株主権等（基準日を定めて基準日現在の株主名簿に記載されている株主に付与される権利以外の権利をいい，株主提案権もその一つです）を行使する場合，本人確認書類の添付を要することや書面により行使すべきことを定めていますので，当該規定に基づいて株主確認や書面性の確認を行うこととなります。また，少数株主権等を行使する株主は，証券会社等に個別株主通知の申出をし，個別株主通知が会社に到達した後，4週間以内に行使しなければなりません（振替法154条2項，振替法施行令40条）。個別株主通知の内容を見れば，保有議決権数（総株主の議決権の100分の1以上の議決権又は300個以上の議決権を有すること），株式保有期間（必要な議決権数を6か月以上前から引き続き保有すること）を確認することができます。請求時期については，株主提案権の行使期限が「株主総会の日の8週間前」とされている（会社法303条2項，305条1項）ため，期限までになされた請求かどうかを確認することになります。

② **提案内容の実質的な確認**
　株主提案議案の適法性を検討し，株主総会で取り上げるかどうかを決定することになります。株主総会で取り上げることを要しないケースとしては，株主提案権の行使が権利の濫用にあたる場合の他，提案内容が法令又は定款に違反する場合（会社法305条4項），実質的に同一の議案につき株主総会において総株主の議決権の10分の1以上の賛成を得られなかった日から3年を経過していない場合（会社法305条4項）があります。
　なお，要綱では，株主提案権の濫用的な行使を制限するための措置として，

36 第1部 株主総会資料の電子提供制度

株主による提案の内容が不適切である場合には，株主が株主提案権を行使することができないものとされています。詳細については，後記Q29（目的等による制限）をご参照ください。

③ 取締役会意見の作成

株主提案権について取締役会の意見があるときは，これを株主総会参考書類に記載することとされています（会社法施行規則93条1項）。通常は，株主提案に対して取締役会は反対である旨の意見を記載することが多くなっています。

④ 招集通知への反映

取り上げるべき株主提案議案と当該議案に対する取締役会の意見が決定されると，これらを招集通知（株主総会参考書類を含みます）及び議決権行使書面に反映する必要があります。 （中川雅博）

Ⅱ　電子提供措置　37

Q7　電子提供措置事項① ―概要

株主総会資料の電子提供制度においては，具体的にどのような事項（電子提供措置事項）を電子提供することが想定されているのでしょうか。また，電子提供措置を実施した後，電子提供措置事項に修正の必要が生じた場合には，どのような対応が必要になるのでしょうか。

1　電子提供措置事項の概要

　株主総会資料の電子提供制度とは，これまで各株主に「書面」で渡していた株主総会資料について，「書面」の代わりに，会社のウェブサイト等において「電子ファイル」を掲載することで足りることとする制度です。

　したがって，株主総会に関連する資料全般が電子提供制度の対象となり，これらの資料に記載されている事項が，「電子提供措置事項」として電子提供措置の対象になります（要綱第1部第1の2①ア～キ）。

　電子提供措置事項の具体的な内容は，以下のとおりです。

① 　株主総会の招集決定事項（会社法298条1項各号）
② 　（書面投票・電子投票の場合）株主総会参考書類に記載すべき事項（会社法301条1項・2項）
③ 　（書面投票の場合）議決権行使書面に記載すべき事項（会社法301条1項）
④ 　株主提案による議案の要領（会社法305条1項）
⑤ 　（取締役会設置会社における定時株主総会の場合）計算書類（監査報告・会計監査報告を含む）・事業報告に記載又は記録された事項（会社法437条）
⑥ 　（取締役会設置会社かつ会計監査人設置会社における定時株主総会の場合）連結計算書類に記載又は記録された事項（会社法444条6項）

⑦　上記①〜⑥の各事項を修正した場合における，その旨及び修正前の事項

　なお，上記③の議決権行使書面に記載すべき事項については，招集通知（会社法299条1項）の際に併せて株主に議決権行使書面を交付する場合（たとえば，招集通知が封入されている封筒に議決権行使書面を同封する場合）には，重ねて電子提供措置を行うことは不要とされています（要綱第1部第1の2②）。そのため，議決権行使書面については，電子提供措置を実施する方法と，現行会社法下の規律と同様に招集通知の際に書面を交付する方法とが考えられますが，これらの方法の比較については，後記Q8（電子提供措置事項②—議決権行使書面の取扱い）をご参照ください。

2 電子提供措置事項に修正の必要が生じた場合の対応

　電子提供措置を実施した後に，すでにウェブサイト等に掲載している電子提供措置事項について修正の必要が生じた場合には，前記 1 ⑦のとおり，当該修正の旨及び当該修正前の事項を，電子提供措置事項として掲載する必要があります。

　なお，この場合において，電子提供措置事項の修正が無制限に許されるか否かが別途問題になり得ます。この点に関して，現行会社法上，株主総会資料に修正すべき事項が生じた場合に，あらかじめ株主に通知した方法（ウェブサイトへの掲載等）によりその修正の内容を周知する制度（ウェブ修正制度）（会社法施行規則65条3項，133条6項，会社計算規則133条7項，134条7項）が存在していますが，一般的に，このウェブ修正制度において，株主総会資料の修正は無制限に許されるものではないと解されています。具体的には，株主総会資料の内容のうち，基本的には軽微な誤記等の修正のみが許されており，これに対して，議案の内容の変更等の重大な修正は許されないと解されています。

　要綱上，電子提供措置事項の修正がどの範囲で認められるかについては明記されていませんが，ウェブ修正制度と同様に，その範囲については一定の解釈

上の制限がかかることになるのではないかと考えられます。　　　　（伊藤広樹）

Comment

　立案担当者の解説によると，ウェブ修正制度は，「書面」の招集通知に記載された事項に誤り等があった場合，「本来，速やかに修正されることが望ましいが，再交付が必要となれば，費用負担の問題の他，招集通知の発出期間に係る規制との関係が問題となるため，このような別途の対応が可能である旨を明らかにしたもの」と説明されています（相澤哲＝郡谷大輔「会社法施行規則の総論等」商事法務1759号18頁）。電子提供措置事項に修正の必要が生じた場合は，電子提供措置事項そのものの修正をせざるを得ないことから，電子提供措置事項の修正は，ウェブ修正と比較してより柔軟な対応が可能となるよう期待したいところです。　　　　（中川雅博）

40　第1部　株主総会資料の電子提供制度

Q8　電子提供措置事項②
―議決権行使書面の取扱い

要綱では「議決権行使書面に記載すべき事項」については，電子提供措置事項の一つとして位置づけられていますが，他方で，招集通知に際して議決権行使書面を交付する場合には，「議決権行使書面に記載すべき事項」の電子提供措置は不要とされています。「議決権行使書面に記載すべき事項」を電子提供する方法について，実務上の留意点を教えてください。

1　要綱の内容

　要綱では，第1部第1の2①イで「（会社法）第301条第1項に規定する場合には，株主総会参考書類及び議決権行使書面に記載すべき事項」〔注：括弧書きは筆者による〕について電子提供措置をとらなければならないものとし，同②で「（会社法）第299条第1項の通知に際して株主に対し議決権行使書面を交付するときは，議決権行使書面に記載すべき事項に係る情報については①により電子提供措置をとることを要しないものとする」〔注：括弧書きは筆者による〕としています。

　要綱の内容は中間試案とほぼ同じですが，中間試案に対するパブリック・コメントに寄せられた意見では，おおむね賛成意見が多かったものの，「議決権行使書面記載事項の電子提供までを認めた場合には，株主が書面投票を行う際の取扱いが判然としないうえに，当該書面が『書面による議決権行使』の方法であることから，電子提供措置に馴染まず，当該措置の対象から除外すべきである」等の反対意見もみられました。この点については，現行法においても議決権行使書面の電子提供は可能であり（会社法301条2項），議決権行使書面についてだけを電子提供措置事項から除外し，常に書面を交付しなければならないとすることは相当でないとの考えのもと，要綱では，中間試案と同じ内容が維持されました。

2 実務上の留意点

　上記1でみた反対意見にもあるように，議決権行使書面に記載すべき事項の電子提供は，書面投票制度のために行うものです（会社法301条1項の議決権行使書面交付義務は，同法298条1項3号により書面投票制度を採用した場合に生じます）。

　そうすると，電子提供された議決権行使書面に記載すべき事項は，株主がこれを印刷する等したうえで，議案に対する賛否を記入し，会社に対して返送することで議決権を行使することになります。株主にとっては，印刷する手間等が生じますので，書面での議決権行使を見送る動きが個人株主を中心にして生じることがないかが懸念されます。

　実際に，電子提供制度の導入を検討する際に参考とした米国のNotice and Access制度では，個人株主の議決権行使比率は同制度を採用していない企業より同制度を採用している企業の方が数ポイント低い水準で推移しているとの報告がなされています（株主総会プロセスの電子化促進等に関する研究会「株主総会の招集通知関連書類の電子提供の促進・拡大に向けた提言〜企業と株主・投資家とのを促すための制度整備〜」参考資料21頁）。

　電子提供制度のもとで，書面での議決権行使比率を低下させることがないよう配慮するとすれば，実務上は，招集通知の発送に際して議決権行使書面を同封することが望ましいと言えます。将来的に電子投票制度の利用が相当に進んだ時点では，議決権行使書面の電子提供を実施することも具体的な選択肢になり得るものと思われますが，むしろ書面投票制度を採用せず，電子投票制度に一本化するというのが自然なのかもしれません。

　なお，議決権行使書面の電子提供を実施する場合には，議決権行使書面の記載事項を株主本人のみが閲覧できるよう技術的措置を講じることが求められると考えられます。議決権行使書面には，株主の氏名，議決権数等の個々の株主固有の情報が記載事項とされているからです。具体的には，会社が各株主に固

有のID・パスワードを交付し，株主がこれを用いて電子提供措置事項を閲覧すること等が想定されます。 （中川雅博）

Comment

　議決権行使書面の電子提供を実施する場合には，本文中で述べた株主固有のID・パスワードの付与に加えて，印刷回数を制限するか（また，その場合に，会社においてそのような技術的対応が可能か）どうかも問題になり得ます。

　即ち，複数回の印刷が可能となると，同一の株主について，議決権行使書面が複数存在し得ることとなり，株主は，それぞれの議決権行使書面に異なる議決権行使結果を記載することも可能であるため，そのような場合にこれらの異なる議決権行使結果が記載された議決権行使書面をどのように取り扱うべきであるかは，実務上問題になり得ます。また，実務上，議決権行使書面は株主総会の議場への入場券として利用されていますが，複数の議決権行使書面が存在する場合には，その株主以外の者がこれを利用して議場へ入場してしまう懸念も生じるため，そのような懸念への対応（議場受付での本人確認の要否等）も問題になり得ます。

　このように考えると，少なくとも当面の間は，議決権行使書面については電子提供を実施するのではなく，招集通知に議決権行使書面を同封して発送する実務を採用する会社が多数になるのではないかと推測されます。

（伊藤広樹）

II 電子提供措置 43

Q9 電子提供措置事項③
―電子提供措置事項以外の情報

会社が自社のウェブサイトで電子提供措置を実施する場合，電子提供措置
事項以外に，実務上，どのような情報を掲載することが考えられるので
しょうか。

1 電子提供措置事項以外の情報とは

　株主総会資料の電子提供制度に関して，中間試案やその後の要綱では，電子
提供措置をとらなければならない事項については個別具体的に明記されていま
すが，電子提供措置事項以外の情報について電子提供措置事項と同様の取扱い
を行うことの可否等については，特に言及されていません。

　部会第1回会議の議事録では，株主総会資料の電子提供制度の新設に係る提
案理由として，印刷・郵送費用の削減，資料の早期提出とあわせて「提供する
情報をより充実させることができる」点が挙げられており，これにより株主と
の間のコミュニケーションの質の向上が期待される旨の説明が法務省からなさ
れています。また，部会第2回会議では，機関投資家からの意見として，電子
提供措置がとられることにより，「企業側におきましても，株主総会資料に関
して情報提供面での工夫が更に進んでいくものと想定されますし，文字情報以
外の発信，たとえば，経営陣や役員候補者からの動画によるメッセージ配信と
いった情報提供」等が期待される旨の発言がなされています（部会第2回会議・
柳澤委員発言）。

　先の提案理由等に鑑みれば，「株主とのコミュニケーションに資する情報」
については，電子提供措置事項と同様の取扱いを行うことが制度趣旨にも適う
と考えられます。

44 第1部 株主総会資料の電子提供制度

2 具体的な電子提供措置事項以外の情報

　「株主とのコミュニケーションに資する情報」としては，機関投資家等から望まれている情報や，会社法以外の法令等を根拠にして，主に，株主総会後に開示される情報の全部又は一部が考えられます。

金融商品取引法関連情報	① **有価証券報告書記載事項** ─経営方針・経営戦略，経営指標，キャッシュ・フロー計算書，特定投資株式，監査報告書（KAM）等 ② **臨時報告書記載事項** ─後発事象（重要な災害の発生）等
金融商品取引所関連情報	① **決算短信記載事項** ─経営成績・財務状態の今後の見通し，配当の状況等 ② **独立役員届出書記載事項** ─属性・選任理由等 ③ **コーポレート・ガバナンス報告書記載事項** ─コーポレートガバナンス・コードの遵守状況，任意の委員会の状況等
その他の情報	① **非財務情報** ─ESG，CSR，SDGsに関する取組み状況等 ② **IR，SR関連情報** ─決算説明会，small meeting，個人投資家説明会等での使用資料等 ③ **議題，議案関連情報** ─議題，議案の取下げ，撤回に関する取締役会決議内容等

　2016年には有価証券報告書と決算短信の記載事項について整理が行われ，2017年には事業報告等と有価証券報告書の一体的開示のための取組みも公表されています。また，2019年1月31日には，企業内容等の開示に関する内閣府令の一部を改正する内閣府令（以下「改正開示府令」といいます）が公布・施行され，有価証券報告書（2019年3月期以降のもの）において，役員報酬や政策保有株式に関する詳細な情報の開示が求められることとなりました。更に，2020年からは，有価証券報告書上の経営方針・経営戦略等の記載に際し，経営環境

について経営者の認識を含めた説明が求められ，事業等のリスクに関しては，リスク顕在化の可能性の程度や顕在化時の経営成績等に与える影響の程度，対応策を経営方針・経営戦略等との関連性の程度を考慮して記載すること等，定性情報の開示の充実が求められています。そして，この改正開示府令を受け，2019年2月21日には，東京証券取引所から「コーポレート・ガバナンス報告書記載要領の改訂等について」が上場会社宛に通知されています。具体的には，改正点の一つとして，指名委員会や報酬委員会に相当する任意の委員会に関する活動状況として，開催頻度に加えて，主な検討事項，個々の委員の出席状況等を記載することが推奨されています。先の改正開示府令においても，役員報酬の決定に関与する任意の委員会を設置している場合には報酬決定手続の概要や報酬決定過程における任意の委員会の活動内容の記載を要することとされており，今回の要綱でも，取締役の報酬等について事業報告での情報開示の充実が盛り込まれ，報酬等の決定の委任に関する事項が開示対象の一つとされています（要綱第2部第1の1(4)③）。

　このように，有価証券報告書，コーポレート・ガバナンスに関する報告書，事業報告において類似の事項に関する開示が求められており，これらの情報の開示時期が株主総会前後で近接していることを踏まえると，これらの情報を電子提供の対象とすることにより，これらの情報の整合性とともに，情報の一覧性を確保する観点は，株主とのコミュニケーションにも資するものと考えられます。

　有用な情報は電子提供措置事項に含めて株主への周知を図る取組みは株主フレンドリーですが，それが難しい場合には，電子提供措置事項と同じウェブサイト，又はそこからワンクリックで到達できるウェブサイトにこれらの情報を参考情報として開示することが考えられます。

　これら以外にも，作成期間等の問題もありますが，映像（先の機関投資家の意見にもあった経営陣や役員候補者からのメッセージ動画等を含みます）を用いた説明動画を開示する試みも有用かもしれません。

　なお，議決権行使助言会社のなかには，議決権行使助言に係る判断情報は公

開情報であることを基準としている場合があります。現時点では、自社ホームページでの開示は公開情報として取り扱われない可能性が高い状況ですが、電子提供措置導入後は、自社ホームページを用いた情報開示は公開情報と取り扱われる可能性もありますので、その意味でも、自社ホームページの利用可能性は高まるかもしれません。

(清水博之)

Comment

IR説明会・決算説明会等の動画にリンクさせることも有用であると考えられます。このように、今後の株主総会は、IR・広報の視点と切り離すことができないものとなることが予想されますので、社内でも、株主総会をとりまとめる総務部門とIR・広報部門との連携が、これまで以上に重要になってくるでしょう。

(伊藤広樹)

Column

事業報告等と有価証券報告書の一体的開示

2017年6月9日に閣議決定された「未来投資戦略2017」では、企業の情報開示として、『事業報告と有価証券報告書の一体的開示を可能とするため、引き続き、制度・省庁横断的な検討を行う場において、関係省庁等が共同し、企業・投資家等の意見を聞きながら、異なる制度間での類似・関連する記載内容の共通化が可能な項目について必要な制度的な手当て、法令解釈や共通化の方法の明確化・周知等について検討を加速し、本年中に成案を得る。』と記載されています。

これを受けて、2017年12月28日には、内閣官房・金融庁・法務省・経済産業省の連名にて「事業報告等と有価証券報告書の一体的開示のための取組について」が公表されました。更に、2018年3月30日には、金融庁・法務省の要請を受け、有価証券報告書と事業報告等の記載の共通化のために留意点や記載事例の検討を行っていた公益財団法人財務会計基準機構より「有価証券報告書

の開示に関する事項」が公表されました。

　そして，2018年6月15日に閣議決定された「未来投資戦略2018」では，金融商品取引法に基づく有価証券報告書と会社法に基づく事業報告・計算書類との一体的な開示を行おうとする企業の試行的取組みを支援しつつ，一体的開示例・関連する課題等について検討することとされ，2018年12月28日には「事業報告等と有価証券報告書の一体的開示のための取組の支援について」が公表され，有価証券報告書を基礎とした記載例1と事業報告等を基礎とした記載例2が示されました。

　記載例1の特徴としては，①株主総会に提出する事業報告等としても使用可能な有価証券報告書を作成する，②株主総会招集通知の発送期限までに開示する，③有価証券報告書の記載事項が期限までに完了できない場合には，当該事項を含まない状態で開示し，その後，有価証券報告書の記載内容を満たした一体書類を有価証券報告書として開示する，といった点が挙げられます。また，記載例2の特徴としては，①事業報告等をこれまでどおり作成し，法定期限までに開示する，②有価証券報告書の全項目を追記して一体書類を作成し，有価証券報告書として開示する，といった点が挙げられます。

　前記Q5（電子提供措置の方法②－具体的な掲載方法）でも付言されているEDINETによる電子提供措置対応を検討する際には，この一体的開示に係る記載例は参考になり得ると思われます。もっとも，この記載例は試行的に作成した例であることから，実際の利用に際しては，各社の実態を踏まえ適宜・適切な対応が求められることとなる点は留意しておく必要があります。　　　（清水博之）

48 第1部 株主総会資料の電子提供制度

Q10 電子提供措置を実施した場合における他の株主総会事務への影響等

会社が株主総会資料の電子提供措置を実施した場合，その他の株主総会の事務に与える影響や，株主総会の事務に関して改めて検討すべき事項はあるのでしょうか。

1 電子提供措置実施時の株主総会事務への影響

(1) 株主への周知（電子提供措置実施前後）

　要綱では，株主総会資料の電子提供制度は振替株式を発行する会社（≒上場会社）には強制的に適用されることとされています。会社にとっては周知の事実であっても，株主にとっては晴天の霹靂で，特に望んでいないにもかかわらず，今まで手元に届いていた書面による招集通知が突然届かなくなったと感じる株主も現れるかもしれません。そこで，電子提供措置が実施される直前の定時株主総会終了後に株主宛に発送する決議通知や株主通信，事業報告書あるいは中間事業報告書において，制度内容（書面交付請求を行う場合の期限，申出先等を含みます）を事前にアナウンスすることが考えられます。電子提供措置実施後も無用な問い合わせ等を減らす観点から，同様に株主宛に周知を行うことも考えられます。

　なお，このような周知は，既存の株主に対しては一定の効果が見込めるかもしれませんが，これから株式を取得しようとする個人投資家等には通知することができず，期待する効果が望めません。そこで，日本証券業協会や信託協会等の関係者が集まり，これらの各種懸念事項の解決に向け，現在話し合いが行われています。

(2) スケジュール

　要綱では，電子提供措置実施時の電子提供措置開始日は，「株主総会の日の

３週間前の日又は招集通知を発した日のいずれか早い日」，招集通知の発送期限日は，株主総会の日の「２週間」前とされました（要綱第１部第１の２①，同３①）。また，附帯決議１において，「金融商品取引所の規則において，上場会社は，株主による議案の十分な検討期間を確保するために電子提供措置を株主総会の日の３週間前よりも早期に開始するよう努める旨の規律を設ける必要がある」とされ，上場会社にあっては，電子提供措置は，事実上，株主総会の日の３週間前の日よりも前に開始せざるを得ないこととなる可能性もありますが，この場合，会計監査人や監査役の監査に影響を与える可能性が考えられます。

(3) 書面から電子データへの移行

計算書類等は，株主総会の日の２週間前から本・支店に備え置く必要があります（会社法442条１項，同条２項）が，電磁的記録（電子データ）で対応することも可能です。電子提供措置を実施した場合，従前は書面にて備置していたものから電磁的記録（電子データ）として備置する方法を選択することも考えられます。

また，電子提供措置を実施した場合，株主総会議事録に招集通知を書面で編綴する方法を採用していた会社にあっては，株主総会議事録自体を電子化することも，選択肢としては考えられます（法令上，株主総会議事録は電磁的記録をもって作成することも許容されています（会社法施行規則72条２項））。

(4) 株主総会当日の運営

電子提供措置を実施した場合，書面交付請求をした株主以外は手元に書面の招集通知を持っていないことから，株主総会会場配布用に招集通知を印刷しない限り，映像等を使って説明をする等，工夫を要することとなると考えられます。これにあわせて株主総会用の議事進行シナリオも見直す必要があるかもしれません。また，株主総会に来場した株主から，電子提供措置制度そのものや書面交付の要請，書面交付請求手続等に関する質問が出ることも考えられます。

50　第1部　株主総会資料の電子提供制度

(5)　**ウェブ修正**（会社法施行規則65条3項，133条6項，会社計算規則133条7項，134条7項）

　電子提供措置をとらなければならない情報のなかに，電子提供措置事項を修正したときは，「その旨及び修正前の事項」が含まれています。

　これは，現行会社法下のウェブ修正の実務（招集通知の発出後に招集通知に修正すべき事項が生じた場合の周知方法を招集通知に記載する取扱い）を踏まえてのものであることが中間試案の補足説明でなされています。したがって，電子提供措置を実施した後に電子提供措置事項に修正すべき事情が生じた場合には，現在と同様の方法による周知が可能になると思われます。

　この周知は，電子提供措置事項を掲載するウェブサイトで行う必要があることとなりますので，ウェブサイトの選択によっては，必ずしも自社ホームページが修正事項の周知場所とはならない可能性もあります。

2　考えられる影響への対応

　電子提供措置の事前・事後の周知については，今後，実務界での検討が進められる予定ですので，株主名簿管理人等からの情報提供を踏まえて具体的な対応を検討することが考えられます。監査日程については，日頃から会計監査人，監査役等と情報交換を密にし，電子提供措置導入後のスケジュール感を共有しておくことが有用かもしれません。また，法定備置書類の対応については，従前どおり書面にて対応することも選択肢の一つと思われます。

　株主総会当日の運営については，書面を用意することも考えられますが，来場株主数が相当数に及ぶ場合にはコスト削減メリットも縮減することにもなりますので，スマートフォンやタブレット端末の持込み推奨や会場での貸与の検討，利用補助要員の確保，会場での無料Wi-Fiの準備等，従前の枠に囚われない多様な検討が必要となる可能性も考えられます。

　また，ビジュアルのさらなる利用や説明のポイントを1枚の紙にまとめたアジェンダの作成と会場内配布，報告事項の報告についてプレゼンに長けた社内

外の人材を用いた説明の検討も必要になるかもしれません。

　なお，株主総会において，株主から，電子提供措置の内容や書面交付請求の手続自体について質問が出た場合，これを説明する必要があるかどうかも問題になるでしょう。この点に関して，一般的に，法令上の制度に関する株主からの質問については，会社法上の説明義務（会社法314条）は及ばないと解されていますので，電子提供措置の内容や書面交付請求の手続自体に関する質問についても，あくまでも法令上の制度に関する問題であるとして，説明義務はないと解されるべきであると思われます。

　もっとも，仮に説明義務がないとしても，説明が困難な質問ではないと考えられ，また，株主との対話の観点からは，説明することが望ましいとも言えるでしょう。したがって，株主総会では，議長又は担当役員から簡単に説明を行ったうえで，具体的な手続等については株主総会終了後に担当者より説明させる旨を回答することも考えられます。

（清水博之）

Comment

　本文中で述べた株主総会前及び株主総会中の対応の他，株主総会後の対応についても検討に値するでしょう。たとえば，決議通知，株主通信等の株主総会後における株主宛の送付書面について，電子提供制度の採用後も継続するのか，ウェブサイトへの掲載に代えるのか，あるいはその他の方法を採用するのか等，検討の余地があると考えられます。　　　　　　（伊藤広樹）

Ⅲ　招集通知

Q11　招集通知の発送期限

会社が株主総会資料の電子提供制度を採用する場合，招集通知の発送期限はいつになるのでしょうか。また，招集通知の発送期限と電子提供措置の実施期限とは，どのような関係にあるのでしょうか。

1　招集通知の発送期限

　株主総会資料の電子提供制度が導入された場合でも，現行会社法と同様に，株主に対して招集通知を発送することは必要です。この招集通知の発送期限について，部会では様々な議論がなされていましたが，中間試案では，以下の3案が提示されていました。

> （A案）株主総会の日の4週間前までとする案
> （B案）株主総会の日の3週間前までとする案
> （C案）株主総会の日の2週間前までとする案

　これらの案に関して，電子提供制度の意義・メリットの一つとして挙げられる，株主に対する情報提供の早期化という観点からは，A案を採用することが適切であり，また，電子提供制度の導入により招集通知の記載事項が大幅に縮

減することとなり，事務負担が軽減されることとなるため，A案を採用することも実務上可能ではないかとの意見がみられました。

これに対して，書面交付請求（後記Ⅳ参照）への対応との関係では，現行会社法と同様にC案を採用すべきであるとの意見もみられました。即ち，後記Ⅳにおいて解説するとおり，電子提供制度の導入後も，株主は，会社に対して，書面により株主総会資料の交付を請求すること（書面交付請求）が可能となるため，会社は，書面交付請求を行った株主に対しては，招集通知に加えて，株主総会資料についても書面で交付する必要があります。そして，これら2種類の書面を別々のタイミングで発送するのは，手間・コスト等の面で実務上の負担が大きいため，実務的な観点からは，これら2種類の書面を同時に発送する（招集通知と株主総会資料を同封して発送する）ことが妥当であると考えられます。この点に関して，書面交付請求を受けて株主に交付する株主総会資料の内容は，現行会社法上の（書面で交付されている）株主総会資料の内容と同一のものであるため，実務的には，この株主総会資料に係る書面の交付期限を現行会社法上の期限（招集通知の発送期限：株主総会の日の2週間前の日）よりも前倒しすることは現実的ではありません。このように考えると，招集通知の発送期限に関して，A案又はB案を採用した場合，招集通知と同時に株主総会資料を書面で発送することが実務上困難になるため，現行会社法と同様にC案を採用すべきであるとの意見もみられたところです。

要綱では，招集通知の発送期限については，株主総会の日の「2週間前」の日とされ，中間試案のC案が採用されました（要綱第1部第1の3①）。即ち，株主から書面交付請求がなされた場合に，招集通知と同時に株主総会資料を書面で発送することが重視されたものと考えられます。したがって，招集通知の発送期限については，現行会社法から変更されないこととなります。

2 電子提供措置の実施期限との関係

前記Q6（電子提供措置の実施期限）で述べたとおり，電子提供措置の実施

期限については，要綱上，「株主総会の日の３週間前の日」（又は招集通知を発送した日のいずれか早い日）とされています（要綱第１部第１の２①）。したがって，招集通知の発送期限と電子提供措置の実施期限との関係を考えますと，まず，株主総会の日の３週間前の日までに電子提供措置が実施されたうえで，その後，株主総会の日の２週間前の日までに招集通知が発送されることになります。

　この点に関して，部会では，株主総会資料がウェブサイトに掲載されたこと（電子提供措置が実施されたこと）を株主に周知するため，招集通知の発送期限と電子提供措置の実施期限は合わせるべきであるとの意見もみられたところです。確かに，現行会社法上の実務では，株主は，株主総会資料が自動的に株主名簿上の住所に届けられるため，それが届き次第，株主総会資料を閲覧することが可能ですが，電子提供制度の導入後においては，株主は，自らウェブサイトにアクセスして株主総会資料を閲覧しなければならないところ，株主総会資料がウェブサイトに掲載されたこと（電子提供措置が実施されたこと）をタイムリーに把握する方法は制度上保証されていません。このように考えると，電子提供制度の導入後においては，諸外国の制度のように，招集通知をいわゆる「アクセス通知」として位置づけ，招集通知の発送期限と電子提供措置の実施期限とを合わせることも，一つの合理的な選択肢であると考えられます。

　他方で，招集通知の発送期限と電子提供措置の実施期限とを合わせて，招集通知の発送期限を「株主総会の日の３週間前の日」とした場合，先程述べた書面交付請求への対応との関係が問題となるため，結論として，要綱では両者の期限を同一のものとはしないことが前提とされています。

　もっとも，すでに現行会社法下でも招集通知の早期発送が要請されており，相当数の上場会社が招集通知の早期発送を実施している状況のなかで，実務的には，招集通知の発送時期を電子提供措置の実施時期に合わせ，招集通知に電子提供措置の実施を周知する機能を持たせる事例も現れるのではないでしょうか。

（伊藤広樹）

Comment

　本文でも述べられていますが，株主総会関係資料の電子提供制度導入後の
スケジュールとしては，①電子提供措置の実施時期（株主総会開催日の3週
間前），②招集通知の発送時期（株主総会開催日の2週間前），③書面交付請
求があった場合の発送時期とコスト，④コーポレートガバナンス・コード
（以下「CGコード」といいます）に定められている発送前開示といった外形
的要因と，⑤株主総会関係資料の取りまとめのタイミング，⑥会計監査等の
外部協力者との協働等を総合的に考慮して組み立てる必要があります。

　かかるスケジュールの構成にあたっては，書面交付請求の件数が重大な考
慮要素になると考えられますが，株主数がそれほど多くない会社の場合には，
はじめから全株主に書面で株主総会関係資料を送付することも，当面の対応
としては有力な選択肢たり得るのではないかと思われます。但し，この場合
でも，招集通知の早期発送の観点から，株主総会開催日の3週間前の発送を
検討せざるを得ないことになると思われますので，今から3週間前発送を目
途としたスケジュールに対応できる内部体制を整えておくことも有用かもし
れません。　　　　　　　　　　　　　　　　　　　　　　　　（清水博之）

Column

招集通知の早期発送・発送前開示

　本文中でも述べたとおり，近時，相当数の上場会社が招集通知の早期発送（法
令上の期限前の発送）を実施しており，また，招集通知の発送前に，金融商品
取引所のウェブサイトに招集通知を掲載している（発送前開示）上場会社も増
えてきていますが，これは，CGコードの導入による影響が大きいと言えます。
具体的には，CGコード補充原則1-2②において，「上場会社は，株主が総会議案
の十分な検討期間を確保することができるよう，招集通知に記載する情報の正
確性を担保しつつその早期発送に努めるべきであり，また，招集通知に記載す
る情報は，株主総会の招集に係る取締役会決議から招集通知を発送するまでの
間に，TDnetや自社のウェブサイトにより電子的に公表すべきである」とされ

56 第1部 株主総会資料の電子提供制度

ているため，かかる補充原則を遵守（コンプライ）する観点から，招集通知の
早期発送・発送前開示を実施している上場会社が増えてきていると考えられます。
　実際に，早期発送については，94.2％の上場会社が実施しており，また，発
送前開示については，91.5％の上場会社が実施しているとのデータもあり（商
事法務研究会編「株主総会白書 2018年版」商事法務2184号67-68頁（図表
52・53）），招集通知の早期発送・発送前開示については，広く上場会社の株主
総会実務に浸透していると言えるでしょう。また，同じデータでは，株主総会
の日から3週間前の日までに早期発送を実施している上場会社は46.2％とされ
ています（商事法務研究会編「株主総会白書 2018年版」商事法務2184号67頁
（図表52））ので，株主総会資料の電子提供制度が導入され，株主総会の日から
3週間前の日までに電子提供措置を実施することが必要になるとしても，約半
数の上場会社にとっては従来のスケジュールから大きく変動することにはなら
ないと考えられます。

（伊藤広樹）

III　招集通知　57

Q12　招集通知の記載事項① ―法定記載事項

会社が株主総会資料の電子提供制度を採用する場合，招集通知にはどのような事項を記載する必要があるのでしょうか。

1　招集通知の記載事項

　現行会社法上，招集通知の記載事項は会社法298条1項各号に定められていますが，株主総会資料の電子提供制度が採用された場合，招集通知には，これらの事項のうち同項1号から4号までに掲げられた以下の事項を記載する必要があります（要綱第1部第1の3②柱書）。

---

① 　株主総会の日時・場所
② 　株主総会の目的事項
③ 　書面投票制度を採用する場合にはその旨
④ 　電子投票制度を採用する場合にはその旨

　他方で，電子提供制度下での招集通知には，同項5号に掲げられた細目事項を記載する必要はありません。これらの細目事項は，具体的には会社法施行規則63条に定められていますが，たとえば，株主総会参考書類に記載すべき事項，書面又は電磁的方法による議決権行使の行使期限，重複した議決権行使の取扱いに関する事項等が挙げられます（要綱第1部第1の3②柱書）。

　そして，上記①～④の事項に加えて，電子提供制度下での招集通知には，

---

⑤ 　電子提供措置を採用している場合には，その旨
⑥ 　EDINETを通じて電子提供措置の対象となる事項を記載した有価証券報告書を提出している場合には，その旨
⑦ 　その他，法務省令で定める事項

---

58 第1部 株主総会資料の電子提供制度

を記載する必要があります（要綱第1部第1の3②ア〜ウ）。

　以上のとおり，電子提供制度下での招集通知には，現行会社法298条1項5号に掲げられた細目事項を記載する必要がない点で，その記載事項が縮減することになります。他方で，上記⑦の「法務省令で定める事項」として具体的にどのような事項が定められるかは，現在検討されている法務省令の内容を待つ他ありません。

　なお，中間試案では，招集通知の記載事項の一つとして，「電子提供措置事項に係る情報を掲載するウェブサイトのアドレス」が挙げられていましたので，このウェブサイトのアドレスについては，上記⑦の「法務省令で定める事項」として定められることになるのではないかと推測されます。

　また，この点に関連して，EDINETを通じて電子提供措置の対象となる事項を記載した有価証券報告書を提出している場合（上記⑥）に，有価証券報告書が掲載されているEDINETのURLを招集通知に記載すべきであるか否かが従前議論されていました。この点については，要綱上明記されていないため，今後，上記⑦の「法務省令で定める事項」として何らかの定めが設けられるかを注視する必要がありますが，従前の議論では，EDINETのURLが長文であることや，有価証券報告書の添付書類には個別のURLが付されないこと等の理由から，URLの記載は不要とすべきではないかとの意見もみられたところです。EDINETには，既に検索システムが備わっていることから，敢えて有価証券報告書が掲載されているEDINETのURLを招集通知の記載事項とすべき必要性は乏しいとも言えます（他方で，一般個人の株主が誰でも容易に利用できるよう，EDINETの検索システムをより分かりやすい設計・構造にする余地はあるかもしれません）が，いずれにしても，最終的にどのような結論になるか，今後の動向を注視する必要があると考えられます。

2　招集通知の記載に関する実務上の工夫

　電子提供制度下における招集通知の役割としては，株主総会に関する基礎的

な情報を株主に提供するという点に加えて，電子提供されている株主総会資料へ株主を誘導するという点も重視すべきであると考えられます。前記Q11（招集通知の発送期限）において述べたとおり，要綱上，招集通知の発送期限と電子提供措置の実施期限は同一ではありませんが，実務的には，招集通知の発送時期を電子提供措置の実施時期に合わせ，招集通知に電子提供措置の実施を周知する機能を持たせる事例も現れるのではないでしょうか。そのような観点からは，招集通知を受け取った株主が，スムーズに株主総会資料を閲覧できるような工夫をすることも実務上重要であると考えられます。

　前記□1のとおり，招集通知には，株主総会資料が電子提供されているウェブサイトのアドレスを記載することが必要になるのではないかと推測されますが，そのアドレスをキーボード等で手入力するのには一定の労力がかかることから，たとえば，招集通知に二次元コードを記載して，これをスマートフォンやタブレットで読み込むことにより株主総会資料が掲載されているウェブサイトに遷移するしくみにすることや，インターネットでの検索ワードを記載すること等が考えられるでしょう。また，EDINETを通じて電子提供措置の対象となる事項を記載した有価証券報告書を提出している場合（前記□1⑥）には，EDINETの説明や具体的な検索システム・検索方法の案内を，招集通知に記載することも考えられるのではないでしょうか。

招集通知の記載に関する実務上の工夫	・二次元コードを記載して，株主総会資料が掲載されているウェブサイトに遷移するしくみにする。 ・インターネットでの検索ワードを記載する。 ・（EDINETを利用する場合）EDINETの説明や具体的な検索システム・検索方法の案内を記載する。

（伊藤広樹）

60　第1部　株主総会資料の電子提供制度

Comment

　電子提供措置実施時の招集通知記載事項のうち，法定の事項については本文中の事項等が考えられますが，任意の記載事項としては，現在の招集通知と同じく，証券コード，発信日付，宛名，招集者，会場地図等を記載することが考えられます。　　　　　　　　　　　　　　　　　　　（清水博之）

III 招集通知 61

Q13 招集通知の記載事項②
——任意的記載事項等の可否

会社が株主総会資料の電子提供制度を採用する場合，招集通知に法定記載
事項以外の事項（任意的記載事項）を記載することや，他の資料を同封す
ることは許されるのでしょうか。

1 問題の所在——諸外国の実例を踏まえて

　株主総会資料の電子提供制度を採用した場合における招集通知の法定記載事
項については，前記Q12（招集通知の記載事項①——法定記載事項）で述べたと
おりですが，招集通知に法定記載事項以外の事項（任意的記載事項）を記載す
ることや，他の資料を同封することは許されるのでしょうか。

　この点に関して，米国やカナダでは，わが国の会社法上の招集通知に相当す
るアクセス通知とともに書面により提供することができる情報に制限が設けら
れているとされています。これは，アクセス通知があくまでも株主総会に関す
る情報をウェブサイトに掲載している旨を周知するための書面であり，会社が
株主総会に関する情報のうち一部の情報のみを恣意的に株主に提供することは
適当でないとの問題意識によるものであるとされています。

　そして，わが国の会社法に基づく株主総会実務においても，このような問題
意識と無関係ではありません。たとえば，特定の株主から会社に対して敵対的
な内容の議案（たとえば，現経営陣の経営方針に反対する者を候補者とする取
締役選任議案）が提案されているケースで，会社から株主に対して提供する情
報のうち，会社提案議案については充実した情報やポジティブな情報のみを提
供するのに対して，株主提案議案については必要最小限の情報提供に留める場
合や，株主提案議案に関するネガティブな情報を過度に株主に提供する場合等
には，会社から株主に対する情報提供の公正性に疑義が生じかねないとも言え
ます。

62　第1部　株主総会資料の電子提供制度

2 実務上の必要性

　他方で，株主にとって必要又は有益な情報を提供すること自体が一律に否定されるべきものではなく，また，円滑な株主総会実務の運営の観点から，株主に提供しておくことが望まれる情報も存在するはずです。

　たとえば，会場地図等の株主総会の会場への交通アクセスに関する情報は，株主にとって有益であると考えられ，また，剰余金の配当の支払手続に必要な書面を株主に提供することは，円滑な株主総会実務の運営の観点から望ましいでしょう。

　したがって，招集通知に法定記載事項以外の事項（任意的記載事項）を記載することや，他の資料を同封することについては，一定の実務上の必要性が認められるものと考えられます。

3 電子提供制度下での対応

　結論として，要綱では，任意的記載事項の記載等の可否について明示的には述べられていません。もっとも，中間試案の補足説明では，法務省から，任意的記載事項の記載等を一律に制限することは相当でなく，仮にそのような制限を設けないとしても，会社から株主に対する情報提供の態様によっては，著しく不公正なものであるとして株主総会決議の取消事由に該当すると解されるとの見解が示されています。即ち，会社法上，「株主総会等の招集の手続又は決議の方法が…著しく不公正なとき」には，株主は訴えにより株主総会決議の取消しを請求することができます（会社法831条1項1号）が，会社から株主に対する情報提供の態様次第では，「株主総会等の招集の手続又は決議の方法が…著しく不公正なとき」に該当し，株主総会決議が取り消される場合がある旨が指摘されています。裏を返せば，会社から株主に対する情報提供については，株主総会決議の取消事由に該当するか否かが判断されることで足り，敢えて任

意的記載事項の記載等を一律に制限する必要はないとの価値判断が前提とされ
ていると言えます。

　したがって，改正会社法下でも，このような整理を前提に，株主に対する情
報提供のあり方を検討していくことになるでしょう。

招集通知の任意的記載事項等

実務上の必要性もあり，一律に否定されるべきものではない。

↓

会社から株主に対する情報提供の態様次第では，
株主総会決議の取消事由に該当する場合がある。

（伊藤広樹）

Comment

　任意的記載事項について，どのようなものであれば容認されるかについて
は今後の議論を注視していく必要がありますが，会社支配権の争いのある場
合，議案の賛否が拮抗する場合の取扱いは特に注意を要するものと考えます。

（茂木美樹）

64　第１部　株主総会資料の電子提供制度

Q14　招集通知の記載事項③
―任意的記載事項等の内容等

会社が株主総会資料の電子提供制度を採用する場合，実務上，招集通知に記載する任意的記載事項や同封する資料としては，具体的にどのような内容のものが想定されるでしょうか。また，その際の実務上の留意点についても，あわせて教えてください。

1　任意的記載事項

　株主総会資料の電子提供制度下においては，事業報告，計算書類等，株主総会参考書類については電子提供の対象となるため，株主に書面にて送付される招集通知は現行制度の狭義の招集通知に相当する程度のものとなります（招集通知の法定記載事項については，前記Q12（招集通知の記載事項①―法定記載事項）参照）。

　用いられる用紙は１枚程度が標準になるものと思われます。そう考えると，招集通知の紙面に記載可能な情報量には限りがあるため，紙幅を勘案しつつ，現行制度において狭義の招集通知に記載される任意の記載事項を参考に検討していくことが考えられます。

①　発信日付

　招集通知が法定日程を遵守しているものであることを証する観点から記載することが考えられます。

②　招集者

　定款に定められた株主総会の招集の業務執行者を記載することが考えられます。

③　証券コード

　機関投資家株主の事務上の要請から現行制度下において記載が定着しており，引き続き記載をすることが考えられます。

④　会場地図等の会場への交通アクセス

　株主総会当日に出席しようとする株主のために会場地図，交通アクセスを記載することが考えられます。

⑤　その他の事項

　代理人・委任状の持参等株主総会の代理出席に関する事項，お土産の配布は行っていないこと，クールビズスタイルでの開催等について記載することも考えられます。

２ 招集通知に同封する資料等

　近年では，国内外の機関投資家についてはスチュワードシップの徹底により非常に高い割合で議決権行使がなされています。一方，個人株主の議決権行使率は会社によっても異なりますが，多くの場合は30％台から50％台にとどまります。

　株主総会資料の電子提供制度においては，株主総会の議案の内容を記載した株主総会参考書類や議決権行使書面は電子提供の対象となります。現行制度では招集通知とともに議決権行使に必要なこれらの書類が株主の届出住所宛に送付されますが，電子提供制度開始後にこれらの書類が送付されなくなることで，プロである国内外の機関投資家の議決権行使率にはさほどの影響を与えないと考えられる一方，個人株主を中心に議決権の行使率が低下することも考えられます。

　要綱においては，特定の株主に対してのみ株主総会に関する情報を書面にて提供することを制限する規定を設けることは提案されていないことから，議決権行使を促進する目的で，個人株主には電子提供制度開始後もこれらの書類を送付することが考えられます。

　また，議決権行使書面を招集通知とともに送付することに伴い，議決権行使書面用の記載面保護シールを同封することも考えられます。　　　　　（茂木美樹）

66　第1部　株主総会資料の電子提供制度

Comment
　個人株主による議決権行使率の確保については，頭を悩ませている会社も多いことと思いますが，株主総会参考書類をそのまま送付しないとしても，たとえば，そのサマリーや重要部分のみ等を送付して，個人株主に対して積極的な情報提供を行うことも検討に値するかもしれません。　　　（伊藤広樹）

IV 書面交付請求

Q15 書面交付請求① ―概要

会社が株主総会資料の電子提供制度を採用した場合であっても，株主は，会社に対して，従来どおり書面で株主総会資料を提供することを請求できるのでしょうか。

1 書面交付請求の概要

株主総会資料の電子提供制度とは，これまで各株主に「書面」で渡していた株主総会資料について，「書面」の代わりに，会社のウェブサイト等において「電子ファイル」を掲載することで足りることとする制度です。したがって，株主総会資料の電子提供制度下では，株主総会資料は，「書面」でなく，「電子ファイル」で提供されることが原則となります。

しかしながら，部会では，当初から，株主総会資料の電子提供制度下においても，株主が会社に対して書面で株主総会資料を提供することを請求できる「書面交付請求」を認めることが検討されており，実際に，要綱でも，この「書面交付請求」に関する手続等が定められることになりました（要綱第1部第1の4）。

2 書面交付請求の必要性

このように要綱において書面交付請求が認められることとなった背景には，ひと言で言えば「デジタル・ディバイド」の問題があります。

デジタル・ディバイドとは，一般的に，インターネットやパソコン等の情報通信技術を利用できる者と利用できない者との間に生じる格差を意味するとされていますが，わが国では，依然として高齢者を中心にインターネットやパソコン等を利用することが困難な者が多いとされており，近時，あらゆる分野での情報通信技術の発展に伴い，様々な場面でこのデジタル・ディバイドの問題が議論されています。

このことは株主総会実務も例外でなく，実際にこのようなインターネットやパソコン等を利用することが困難な株主が存在する以上，株主総会資料の電子提供制度を導入した場合に，そのような株主が株主総会資料を閲覧・検討し，議決権をはじめとする株主権を適切に行使できるようにする等，株主の利益を保護する観点からは，一定の手当てをする必要があることになります。

このような問題意識から，株主総会資料の電子提供制度下においても，株主が会社に対して書面で株主総会資料を提供することを請求できる書面交付請求が認められることになりました。

この点に関して，既に有価証券報告書や臨時報告書等の金融商品取引法上の開示書類については，EDINETを通じて電子的に提供されていることや，会社法においても，電子公告を採用することが可能であること等に鑑みると，わが国の会社法・金融商品取引法との関係では，既にデジタル・ディバイドの問題は考慮されていないのではないかとの評価もあり得るところですが，他方で，株式会社の最高意思決定機関である株主総会における権利行使に直接関連する株主総会資料については，有価証券報告書や臨時報告書等の開示書類や電子公告と同様に捉えるべきではないのではないか（株主総会資料については，デジタル・ディバイドの問題をより慎重に考慮すべきではないか）との考え方もあ

り得るところです。

　他方で，書面交付請求を認める場合，会社において書面により株主総会資料を作成・印刷し，これを株主に交付（封入・発送）するという事務が発生することになりますが，これにより会社に生じる事務の負担が過度なものにならないよう，その制度設計にあたっては配慮されるべきでしょう。

　また，書面交付請求を安易に認めてしまうと，株主総会資料の電子提供制度を導入した意義を失わせかねない（結局のところ，会社は「書面」で株主総会資料を作成する前提で対応しなければならず，現行会社法の枠組みと何ら変わりがなくなる）ことになるため，一定の合理的な制限を設けることが必要であると考えられます。

　以上のような議論等をふまえ，要綱では，書面交付請求について，これを請求できる時期を制限することや，定款規定により交付書面に記載することを要しない事項を定めることができること等の措置が講じられています。詳細については，後記Q16（書面交付請求②－各論）以降で解説します。　　　（伊藤広樹）

> **Comment**
> 　株主総会資料の電子提供制度は，書面よりも充実した情報を早期に株主に提供することを目的としているものですので，その趣旨を十分に実現するためにも，より多くの株主が電子提供を活用できるよう簡便な操作性の仕組みの構築が望まれます。
> 　　　　　　　　　　　　　　　　　　　　　　　　　　　（茂木美樹）

70　第1部　株主総会資料の電子提供制度

Q16　書面交付請求②―各論

株主による書面交付請求権の行使に関して，以下のことを教えてください。
① 　複数の会社の株式を保有する株主は，会社（銘柄）毎に書面交付請求権を行使する必要があるのか。
② 　株主は，株主総会毎に書面交付請求権を行使する必要があるのか。
③ 　株主が書面交付請求権を行使するにあたり，個別株主通知は必要となるのか。

1　銘柄毎の書面交付請求の要否

　書面交付請求権については，部会における各所の意見をふまえ，株主総会資料の電子提供制度を推進していく観点から，デジタル・ディバイドの保護に配慮しつつも真に書面を必要とする株主に書面交付が限定されていくことが適切との方向に収れんしていきました。したがって，現行会社法に基づき招集通知を電磁的方法により受け取ることについて承諾した株主（会社法299条3項）は，書面交付請求権を行使することができないこととなります。

　当初は，総株主通知と同様に株主が自己の証券口座を開設する口座管理機関において書面交付請求権を行使する手続を行えば，保有する全銘柄について一括して書面交付が行われる制度も検討されましたが，前記のような議論の結果，要綱では，書面交付請求権は，口座管理機関ではなく，会社に対して行われることとされましたので，その結果，複数銘柄を保有する株主であっても，書面を必要とする銘柄に限定する等，銘柄毎に請求権を行使すべきこととなりました。

2 書面交付請求権の有効期間

　真に書面を必要とする株主に書面交付が限定されていくことが適切という観点から，書面交付請求に関しては，株主が書面交付を引き続き必要とするか否かについて，会社より株主の意思確認を行うことができることとする催告制度が予定されています（要綱第1部第1の4④⑤）。

　会社による催告のタイミングについては，書面交付請求の日から「3年」とする案もありましたが，結論として，要綱においては，書面交付請求の日から「1年」を経過した場合に会社が株主に書面交付を終了する旨を通知し，かつ，これに異議がある場合には1か月以上の期間をもって定められる一定期間内に異議を述べるべき旨の催告を行うことができることとする案が採用されました。

　この一定期間内に異議を述べた株主に対しては書面交付が継続され，異議を述べなかった株主に対する書面交付請求は催告期間を経過した時にその効力を失うこととなります。会社は，以後，異議を述べた株主に対してはその異議を述べた日から1年を経過した場合に同様の催告を行うことが可能となります。

3 書面交付請求における個別株主通知の要否

　書面交付請求権の行使にあたって，個別株主通知は不要となります。

　書面交付請求は，前記 1 に記載したとおり会社に対してなされることとなりますが，具体的には2つの方法が考えられています。

　過去の総株主通知により株主名簿上の株主となっている者については，株主名簿管理人に対して書面交付請求を行うことが可能とされています。株主名簿上の株主は会社に自己の株主としての地位を対抗することができるため，書面交付請求権の行使についての個別株主通知は不要となります。また，振替株式発行会社については，すでに株主名簿上の株主である者はもちろんのこと，書面交付請求の時期が総株主通知がなされる前であり振替口座簿上の株主である

に過ぎない者も，自己の振替口座を開設する口座管理機関を経由して会社に対して書面交付請求を行うことも可能とされています。

　株主名簿管理人に対して書面交付請求が行われる場合における請求者の本人確認の方法については，今後検討が必要ですが，全国株懇連合会が定める本人確認指針に従った方法で行うことが考えられます。　　　　　　（茂木美樹）

Comment

　書面交付請求権については会社（銘柄）毎に行使できる見込みですが，その場合，どの会社に書面交付請求をしたのか等，株主の側で把握・管理する必要が生じるため，留意が必要です。　　　　　　　　　　（伊藤広樹）

── *Column* ──

個別株主通知制度の概要

　振替株式制度の下では，株主名簿の名義書換は振替機関より会社（株主名簿管理人）宛に総株主通知がなされることにより行われます（振替法151条，152条）。総株主通知は，事業年度末日と事業年度の開始の日から6か月を経過した日，コーポレート・アクションのために臨時に基準日（会社法124条1項）を定める場合に行われます。

　株主権には，株主総会の議決権，配当受領請求権のように一定の基準日現在の株主名簿に記載又は記録された株主が行使できるものと，株主提案権（会社法303条2項，305条1項但し書），会計帳簿閲覧権（会社法433条）のようなそれ以外の権利（振替法147条4項，以下「少数株主権等」といいます），つまり，権利行使を行おうとする者が権利行使時点において株主であることを要するものの他，一定期間継続的に株主であることを要するものや一定以上の議決権を有する株主であることを要するものがあります。

　会社は，一定の基準日現在の権利を有する株主については，総株主通知により株主名簿の名義書換がなされることにより知ることができますが，少数株主権等を行使する権利を有する株主については総株主通知が行われないため，株

Ⅳ　書面交付請求　73

主名簿により知ることができません。そのため，少数株主権等の行使については，株主の会社に対する対抗要件を株主名簿への記載又は記録とする会社法130条１項の規定は適用されず（振替法154条１項），振替口座簿の記載又は記録を証する個別株主通知を要することとされています（振替法154条２項・３項）。

　個別株主通知は，株主が振替口座を開設する口座管理機関に対して個別株主通知の申出の取次の請求を行うことによりなされます。個別株主通知には，個別株主通知の対象とする銘柄について株主が所有する全ての振替株式を通知の対象とする全部通知と，株主が個別株主通知の申出の取次を行った口座管理機関に開設した振替口座に記載又は記録された振替株主を通知の対象とする一部通知があり，いずれにするかは行使をしようとする権利の行使要件を充足できるかを勘案して選択することができます。口座管理機関は，株主の申出の取次の請求を受け，振替機関である株式会社証券保管振替機構（以下「機構」といいます）に対して申出の取次を行います。

　機構は，個別株主通知が全部通知である場合には申出株主が口座を開設する全ての口座管理機関に口座の情報の報告を請求し，一部通知である場合には申出の取次の請求を受けた口座管理機関に口座の情報の報告を請求します。報告の請求を受けた口座管理機関は，機構に口座の情報の報告を行い，機構は各口座管理機関からの情報を集約して会社（株主名簿管理人）に対して個別株主通知を行います。口座管理機関は，機構からの個別株主通知を行った日の通知を受け，申出株主に個別株主通知済通知書を交付します。

　個別株主通知は，少数株主権等の行使をしようとする者が，当該権利を有することを確認するための通知であることから，①個別株主通知の対象銘柄，②申出株主の氏名又は名称及び住所，③申出受付日，④受付番号，⑤対象日，⑥対象日において申出株主が有する個別株主通知対象銘柄である振替株式の増減の記載又は記録がなされたときは増減の別及びその数，⑦対象日において申出株主が有する個別株主通知対象銘柄である振替株式の数等の事項が通知されます（機構，株式等の振替に関する業務規程154条19項）。

　なお，株主は，個別株主通知がなされた後４週間が経過する日までの間に少数株主権等の行使を行わなければなりません（振替法154条２項，振替法施行令40条）。

74　第1部　株主総会資料の電子提供制度

【図1-2】個別株主通知のフローのイメージ

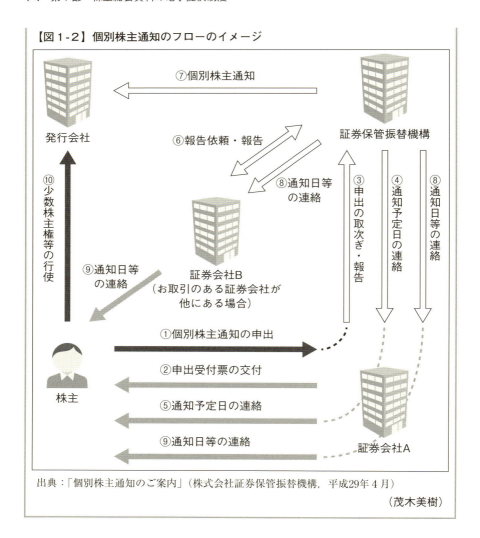

出典：「個別株主通知のご案内」（株式会社証券保管振替機構，平成29年4月）

（茂木美樹）

Ⅳ　書面交付請求　75

Q17　書面交付請求③ —書面交付請求の時期

株主は，会社に対して，いつまでに書面交付請求を行う必要があるので
しょうか。

1　書面交付請求の時期

　すでに述べたとおり，株主総会資料の電子提供制度下においても，株主が会
社に対して書面で株主総会資料を交付することを請求できる「書面交付請求」
の制度が認められることになりますが，株主は，この書面交付請求をいつまで
に行う必要があるのでしょうか。

　書面交付請求の時期については，部会でも様々な議論がなされましたが，結
論としては，要綱上，一般的な上場会社のように，株主総会において議決権を
行使することができる者を定めるための基準日（会社法124条1項）を設定した
場合には，株主は，その基準日までに書面交付請求を行う必要があるとされて
います（要綱第1部第1の4②）。

　たとえば，6月総会（定時株主総会）の上場会社の場合，定款上，同年3月
末日を株主総会の基準日として設定している例が一般的ですが，その場合には，
株主は，基準日である同年3月末日までに書面交付請求を行う必要があること
になります。

　したがって，株主は，招集通知が手元に届く前に，言い換えると，株主総会
の目的事項（決議事項・報告事項）の内容を把握する前に，書面交付請求を行
うかどうかを決定しなければならないことになります。

　この点に関して，株主にとっては，株主総会の目的事項（決議事項・報告事
項）の内容を把握したうえで，書面交付請求を行うかどうかを決定できるほう
が便宜ではないかとの考え方もあり得るところです。

　もっとも，招集通知の到達後に株主が書面交付請求を行い，会社が株主に対

76　第1部　株主総会資料の電子提供制度

して書面で株主総会資料を交付するとなった場合，会社は，相当厳しいスケジュールで書面交付請求に対応しなければならないことになります。即ち，招集通知の発送期限が株主総会の日の2週間前の日と仮定すると，会社は，株主総会の開催日までの2週間で，招集通知が株主の手元に届くまでの期間と株主が書面交付請求を行うまでの期間を考慮した上で，「書面交付請求の受付→交付書面の作成→交付書面の封入→交付書面の発送」という事務を行う必要がありますが，このような事務フローは現実的でないと考えられます。

　そして，このような事務フローを前提とする場合，会社としては，少しでも迅速に事務を進めるべく事前に可能な限りの準備をしておくべきことになり，究極的には，株主全員から書面交付請求がなされる可能性に備えて，株主全員分の交付書面を予め用意せざるを得ないことになりますが，それでは株主総会資料の電子提供制度を導入した意義を失わせかねない（結局のところ，会社は「書面」で株主総会資料を作成する前提で対応しなければならず，現行会社法の枠組みと何ら変わりがなくなる）ことになります。

　また，このように株主が株主総会の目的事項（決議事項・報告事項）の内容を把握する前に書面交付請求を行うかどうかを決定しなければならないとしても，株主が書面を必要とするかどうかは，株主総会の目的事項（決議事項・報告事項）の内容によるものではなく，株主のITリテラシーによるものであるはずですので，株主にとって必ずしも不都合ではないと考えられます。

　なお，現行会社法では，株主総会の基準日後に株式を取得した者についても，会社が当該株主総会において議決権の行使を認めることができる場合があります（会社法124条4項）。このケースにおいて議決権行使が認められた株主に，基準日後において書面交付請求についても認められるべきか否かは，要綱上定められていませんので，今後一つの論点として議論になり得るでしょう。

2 基準日が設定されない場合

　一般的な上場会社では想定されませんが，非上場会社では，株主総会の基準

日が設定されない場合もあります。その場合における書面交付請求の期限について，要綱では特段の定めはありません。

　もっとも，中間試案の補足説明では，法務省から，原則として，株主総会の2週間前の日よりも後に書面交付請求を行った株主に対しては，書面で株主総会資料を提供する必要はないと解される旨の見解が述べられています。

　その一方で，その株主が株主総会の2週間前の日よりも後に株主名簿上の株主となった場合には，当該株主は当該株主総会において議決権を有するにもかかわらず，事実上，株主総会の2週間前の日までに書面交付請求ができないことになります。しかしながら，書面交付請求が株主総会の議決権に密接に関連する権利であることを踏まえると，そのような場合に書面交付請求が全くできないと解することは相当でないとの問題意識から，法務省からは，株主総会の2週間前の日よりも後に株主名簿上の株主となる者については，株主名簿の名義書換に際して書面交付請求をすることができ，その場合，会社は，速やかに交付書面を当該株主に交付しなければならないと考えられる旨の見解が述べられていますので，留意が必要です。

書面交付請求の期限	
基準日の設定がある場合	基準日の設定がない場合
基準日	株主総会の2週間前の日 （但し，株主総会の2週間前の日よりも後に株主名簿上の株主となる者については，株主名簿の名義書換に際して書面交付請求をすることができる。）

（伊藤広樹）

78 第 1 部　株主総会資料の電子提供制度

Comment

　株主は，発行会社に対して直接，書面交付請求することができますが，上場会社の株主については，取引のある証券会社等を経由して書面交付請求することも認められます。新たに当該上場会社の株式を購入し，まだ株主名簿に登録されていない者（基準日が到来すれば株主名簿に登録される者）については，基準日前に取引のある証券会社等を通じて書面交付請求をすることができます。

　また，特に電子提供制度への移行初年度は，基準日までに書面交付請求することを失念する株主が相応に生じる可能性があります（基準日後の書面交付請求への対応については，後記Q18（書面交付請求④—書面交付の時期・方法）参照）。できるだけそのような株主が生じないよう，電子提供制度の概要に加えて書面の交付を希望する場合は書面交付請求できる旨を株主に周知する必要があり，発行会社として具体的にどのような対応を行うべきか，今後検討が必要になるものと思われます。

(中川雅博)

Column

基準日の設定方法

　定款に基準日に関する定めがない場合，会社は，基準日を定める際，当該基準日の 2 週間前までに，当該基準日に関する公告を行わなければなりません（会社法124条 3 項）。

　上場会社の場合，通常，定款に定時株主総会の基準日が定められていますので，会社は，当該基準日に関して公告を行う必要はありません。他方で，臨時株主総会については，（臨時に開催されるものである以上，）定款に基準日の定めはないのが通常であるため，会社は，改めて基準日を設定したうえで，当該基準日に関して公告を行う必要があります。なお，一般に，基準日の設定に関しては，「重要な業務執行の決定」（会社法362条 4 項柱書）に該当するとして，取締役会決議が必要とされています。

　また，非上場会社のうち，株主数が多くなく，また，株主の異動もみられな

い会社では，そもそも基準日を設けて，当該基準日における株主に議決権行使をさせる必要はなく，株主総会の開催日における株主に議決権行使をさせることで足りる場合もありますので，このような場合には，基準日の設定に関する手続は不要となります。 （伊藤広樹）

80　第1部　株主総会資料の電子提供制度

Q18　書面交付請求④ ―書面交付の時期・方法

会社は，株主から書面交付請求を受けた場合，いつまでに，どのような方法で，株主に対して書面を交付する必要があるのでしょうか。また，書面を交付する際の実務上の留意点についても，あわせて教えてください。

1　書面交付の時期・方法

　要綱では，取締役は，招集通知（会社法299条1項）に際して，書面交付請求した株主に対し，電子提供措置事項を記載した書面（以下「書面」といいます）を交付しなければならないとされています。

　即ち，会社による書面交付の時期は招集通知と同時（株主総会開催日の2週間前まで）であり，書面交付の方法は招集通知に同封して行うことが想定されます。必ずしも招集通知に同封して書面を交付することが求められるわけではありませんが，招集通知と別送では余分な発送コストがかかりますので，招集通知と同封する方法が選択されることになると考えられます。

2　実務上の留意点

(1)　書面の準備

　書面は，少なくとも書面交付請求をした株主の数だけ，準備しなくてはなりません。その際，現在の招集通知（狭義の招集通知＋添付書類）のように印刷会社で製本した書面でもよく，また，電子提供措置事項を印刷したものでもよいと考えられます。実際には，書面交付請求した株主が多くなればなるほど，印刷会社で製本したものが利用されることになると思われます。

　基準日を定めた場合，書面交付請求は当該基準日までに行うことが求められています。基準日までに書面交付請求した株主の数は，基準日時点の株主名簿

が確定するタイミングまでには判明すると想定されますので、その数を確認したうえで、印刷会社に依頼するか、自社で印刷して対応するかを判断してもよいと思われます。

【図1-3】書面交付以降のスケジュール

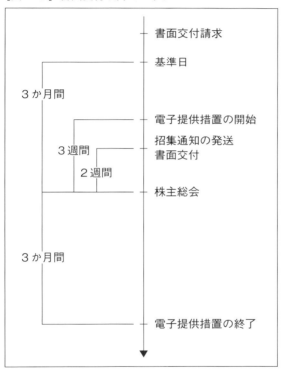

(2) 基準日後の書面交付請求への対応

基準日後に書面交付請求した株主があった場合、会社は、当該株主に対して書面を交付する義務はありません。但し、期限に遅れて書面交付請求した株主に対して、会社が、招集通知に際し、任意に書面を交付することは問題ないでしょう。

株主に「基準日まで」の書面交付請求を求めるのは，会社の招集事務に過度な負担を与えないよう配慮したためですので，会社として，招集通知の発送日程に支障がない範囲で，基準日後に書面交付請求した株主を救済することは，むしろ望ましいということができるかもしれません。

また，特に，電子提供制度が初めて適用される株主総会では，書面交付請求を失念したという株主も相応に存在する可能性があります。書面交付請求をしていない株主には書面が交付されることはありませんので，招集通知が手元に届いて初めて書面交付請求を失念したことに気づく可能性もあります。そして，そうした株主は，招集通知到達後に，会社に対して電話等で書面の交付を要求することが考えられます。もちろん，法律上の権利の行使ではないため，会社にその要求に応じる義務はありませんが，可能な範囲で書面を交付することは差し支えないと考えられます。

その際，株主が次回以後の株主総会についても書面の交付を希望するのであれば，書面交付請求の手続をとるようあわせて案内することが考えられます。

基準日後の書面交付請求であっても可能な範囲で書面の交付を検討するという会社は，余裕をもって少し多めに書面を準備することになると思われます。

（中川雅博）

Comment

　基準日後に書面交付請求をした株主や書面交付請求をしていない株主に対して，任意に書面を交付すること自体は差し支えないと考えられますが，その際，株主平等原則の観点から，全ての株主について統一的な対応をとることが望ましいと言えるでしょう。その観点からは，これらの株主に対して会社としてどのように対応するかを予め社内で協議しておき，運用方針を定めておくことが考えられます。

（伊藤広樹）

Ⅳ　書面交付請求　83

Q19　書面交付請求⑤
―電子提供の内容と交付書面の内容の同一性

会社が株主から書面交付請求を受けた場合，株主に対して交付する書面には，電子提供措置事項（法定記載事項）が記載されていれば足りるのでしょうか。それとも，株主に対して交付する書面の内容は，会社が実際に電子提供した内容と同一でなければならないのでしょうか。

1　同一性の要否

　株主から会社に対して書面交付請求がなされた場合，会社は，株主に対して，書面で株主総会資料を交付する必要があります。ここで株主に対して交付する書面には，電子提供措置の対象となる最低限の事項（電子提供措置事項）が記載されていれば足りるのでしょうか。それとも，会社が実際に電子提供した内容が全て記載されていなければならないのでしょうか。

　この点に関して，株主総会資料の電子提供制度下において書面交付請求が認められることとなった背景には，すでに述べたとおり株主のデジタル・ディバイドの問題があります。その観点からは，全ての株主には等しく情報が提供されるべきであり，株主間に情報格差が生じないことが望ましいことになりますので，交付書面には，会社が実際に電子提供した内容が全て記載されているべきとの結論が導かれます。

　他方で，電子提供した内容を全て記載しなければならないとすると，交付書面を準備する会社の負担が過大なものとなり，その結果，会社としては，交付書面の準備の負担を懸念して，（交付書面の内容の前提となる）電子提供の内容を充実させない方向にインセンティブが働くことになります。

　そもそも株主総会資料の電子提供制度を導入する趣旨は，株主総会資料に盛り込む情報を充実させること等により，会社と株主との間のコミュニケーションの質を向上させる点にあるのですから，電子提供する株主総会資料の内容が

充実しないとすると，制度を導入した趣旨を失わせることになりかねません。

また，電子提供の内容の一つとして，動画や別のウェブサイトへのリンク等が貼付されている場合，その内容を交付書面でどのように実現するのかは，必ずしも定かではありません。

そのような観点からは，電子提供の内容と交付書面の内容はあくまでも別個のものであり，交付書面には，会社が実際に電子提供した内容が全て記載されている必要はなく，電子提供措置の対象となる最低限の事項（電子提供措置事項）が記載されていれば足りるとの結論が導かれます。

結論として，要綱では，書面交付請求について，「電子提供措置事項……を記載した書面の交付を請求することができる」と記載されており，交付書面には，単に電子提供措置の対象となる最低限の事項（電子提供措置事項）が記載されていれば足りるとされています（要綱第1部第1の4①）。

2 実務上の工夫

上記1のとおり，交付書面には，単に電子提供措置の対象となる最低限の事項（電子提供措置事項）が記載されていれば足りることになりますが，他方で，先ほど述べた株主のデジタル・ディバイドの観点からは，株主間に情報格差が生じないことが望ましいことに変わりはありません。そこで，法令上の原則としては，単に電子提供措置の対象となる最低限の事項（電子提供措置事項）が記載されていれば足りるものの，株主のデジタル・ディバイドの観点から，電子提供された内容を閲覧した株主と書面交付請求による交付書面を閲覧した株主との間で情報格差が生じないための実務上の工夫も望まれます。

たとえば，以下のような工夫が考えられます。

(1) 電子提供の内容の概要等

交付書面を閲覧する株主が電子提供の内容の概要を把握できるよう，交付書面に電子提供の内容の概要やサマリーを記載することが考えられます。たとえ

ば，電子提供により経営トップが今後の経営方針や経営課題等について説明する動画を配信する場合には，その説明内容の要点を交付書面に記載することが考えられるでしょう。

(2) URL，二次元コード等

交付書面を閲覧する株主が電子提供の内容を参照しやすくするために，交付書面において，電子提供が実施されているウェブサイトのURLや検索ワードを記載することが考えられます。更には，タブレットやスマートフォンによる閲覧も容易にするために，二次元コードを記載すること等も考えられるでしょう。

(3) Augmented Reality（AR）

Augmented Reality（AR）とは，直訳すると「拡張現実」です。本書ではARに関する詳細な説明は割愛しますが，近時は様々な分野での活用が模索されており，たとえば，街角に掲示されているポスター広告にスマートフォンを向けると，スマートフォン上でポスター広告に写っているモデルが話し出す（動画が再生される）といった方法での利用も模索されているようです。これを活用して，電子提供により経営トップのメッセージ動画等を配信する場合には，ARの技術を活用して，その動画を交付書面からも閲覧できるようにすること等も考えられます。

(4) ディスクレーマー

上記(1)〜(3)のような工夫を試みるとしても，電子提供の内容と交付書面の内容を完全に同一にすることは現実的でないと考えられます。その観点からは，電子提供の内容と交付書面の内容は異なるものであるとの前提で，その事実を株主に正確に伝えておくことが考えられます。

たとえば，交付書面において，以下のようなディスクレーマー（免責事項）を記載しておくことも考えられるでしょう。

本書は，会社法第○条第○項に基づく書面交付請求に基づき当社から株主に対して交付される書面であり，法令上の定めに従い，会社法第○条第○項に定める電子提供措置事項が記載されていますが，本書の内容は，当社ウェブサイト（URL：○）に電子提供措置の一環として掲載されている情報の内容と完全に一致するものではないことにご留意ください。

　少なくとも要綱の内容を前提にする限り，交付書面にこのようなディスクレーマー（免責事項）を記載することは必須でないと考えられますが，株主からの事後的なクレーム等を予防する観点から，有効な方法であると考えられます。
（伊藤広樹）

Comment
　要綱によると，会社は電子提供措置事項のうち法務省令に定めるものの全部又は一部については，交付書面に記載することを要しない旨を定款で定めることができます（詳細については，後記Q24（ウェブ開示制度との関係）参照）。現行のウェブ開示制度では，ウェブ開示の対象とした書類について株主に書面交付請求権が認められていないこととのバランスから，電子提供した内容の一部（現行のウェブ開示対象書類が想定される）について，交付書面に記載しないことを許容するものと考えられます。
（中川雅博）

IV 書面交付請求 87

Q20 書面交付請求⑥ —書面交付請求権の排除

株主が書面交付請求権を行使できないようにすることは可能でしょうか。
その場合における実務上の留意点についても，あわせて教えてください。

1 要綱の内容

　中間試案では，定款で書面交付請求権を排除する旨の定めを置くことを認めることについてなお検討するとされ，その後の部会の議論でも，定款による書面交付請求権の排除を認めるべきとの意見がありました。一方で，インターネットを利用することが困難な株主を保護するための権利である書面交付請求権を株主総会の特別決議により排除することを認めるのは相当でなく，強行規定として保障する必要があるとの反対意見や，書面交付請求を行う株主の多くは議決権比率の低い個人株主であると想定されることから，定款変更を経たとしても実質的にはそれらの株主の意思が反映されないまま書面の交付が受けられなくなるとの反対意見もあり，最終的には，定款の定めによる書面交付請求権の排除は要綱に盛り込まれませんでした。

　次に，書面交付請求権が行使されると，書面交付請求の効力に期限はないことから，株主が別途撤回しない限り，その後の全ての株主総会について書面を請求しているものと取り扱われることになり，その結果，書面交付請求株主の数が年々累積するという問題が生じます。その対策として，要綱では，書面交付請求株主を減少させることができる通知・催告の手続が用意されました（要綱第1部第1の4④⑤）。

　具体的には，会社は，書面交付請求日から1年経過した株主に対し，書面交付を終了する旨を通知し，かつ，これに異議ある場合は一定期間（1か月以上）内に異議を述べるべき旨を催告することができます。また，当該通知・催告は，異議を述べた日から1年経過した株主に対しても行うことができます。

88　第1部　株主総会資料の電子提供制度

　この通知・催告を受けた株主による書面交付請求は，その株主が催告期間内に異議を述べたときを除いて，催告期間が経過した時にその効力を失うことになりますので，株主としては，引き続き書面交付請求を行うことができるようにするためには，設定された期限内に異議を述べる必要があります。

2 実務上の留意点

(1) 通知・催告を行う時期等

　通知・催告は会社の義務ではありませんので，書面交付請求の日から1年経過し，通知・催告の対象となった株主に対して，通知・催告をするかどうか，また，通知・催告をする場合にどのタイミングで行うか等は会社の裁量に委ねられます。したがって，たとえば書面交付請求の日から2年経過した株主を対象とする等，各社で独自の基準を設けて対応することも差し支えありません。

　また，通知・催告を行う場合，書面交付請求の日から1年経過した株主毎に，順次，個別に通知・催告を行うことも考えられますが，株主毎に催告期間を管理する事務負担等を考慮すると，年に1回等，一定期間内に対象となった株主をとりまとめて通知・催告を行うのが合理的と思われます。

(2) 通知・催告の方法

　通知・催告の方法として，当該通知・催告のみを対象株主宛てに単独発送することが考えられますが，費用面への配慮から，招集通知等株主宛てに送付する他の書類に同封して送付することも考えられます。

　但し，他の書類に同封する場合，他の書類に紛れて株主が通知・催告を見逃す懸念があります。通知・催告の書類が目立つようにカラー刷りすることや，封筒に「通知・催告関係書類在中」等コメントを付記して工夫することも考えられます。

　また，株主の異議は，書面によることが想定されます。通知・催告を招集通知に同封する場合，株主が議決権行使書面に異議を申し述べる旨記載して会社

（株主名簿管理人）に返送する可能性も考えられます。いわゆる議決権行使書面への「余事記載」ですが，こうした方法による異議申述では，会社（株主名簿管理人）が当該異議申述を見過ごしてしまうリスクがありますので，通知・催告に異議申述の専用用紙（はがき）を同封し，異議申述は当該専用用紙の返送によるものとすることが考えられます。

通知・催告の事務手続については，今後さらなる実務面の検討が行われなくてはなりません。株式に関する事務手続ですので，全国株懇連合会等の関係機関がガイドラインを作成するのが望ましく，できるだけ各社共通の事務に収れ

【図1-4】書面交付請求を行った株主への通知・催告

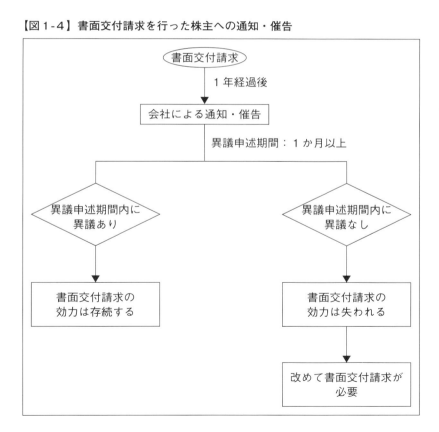

んさせることを通じて，書面交付請求株主の利益の保護を図るべきでしょう。

(3) 異議申述を失念した株主の対応

　一定の期間内に異議申述を失念した株主は，過去に行った書面交付請求の効力を失いますが，改めて書面交付請求をすることは差し支えありません。当該株主が引き続き書面の交付を希望する場合，改めて書面交付請求することにより，以後到来する基準日に係る株主総会について書面の交付を受けることができます。

（中川雅博）

Comment

　書面交付請求に関する通知・催告や異議申述の手続は，一般の株主からすると理解が難しいと捉えられるおそれがありますので，事後のトラブル等を防止する観点からは，その手続の概要等について丁寧に説明することが望ましいでしょう。たとえば，招集通知に，通知・催告や異議申述の手続等を，フローチャート等により時系列に沿って説明するペーパーを同封すること等が考えられます。

（伊藤広樹）

IV 書面交付請求 91

Q21 書面交付請求⑦ ―フルセット・デリバリー

会社は，株主から書面交付請求を受けていない場合であっても，株主に対して株主総会資料一式を書面で交付することができるのでしょうか。その場合における実務上の留意点についてもあわせて教えてください。

1 フルセット・デリバリーの意義・可否

　フルセット・デリバリーとは，要綱において言及されているものではありませんが，既に個別の株主の事前同意なしに株主総会関係書類を電子提供することができる米国のNotice & Access制度では，紙媒体により委任状説明書や年次報告書を株主宛に送付することも可能で，この制度を指してFull Set Delivery Optionと呼んでいるようです。我が国における議論においてフルセット・デリバリーと言う場合には，一般的には，「株主総会資料の電子提供制度が適用される会社において，書面交付請求によらず，会社が任意に株主の一部又は全部に対して，電子提供措置事項を書面で交付すること」を指すことが多いようです。

　このフルセット・デリバリーの採用の可否ですが，一般的には，会社の裁量により任意に採用することは可能と考えられているようです。

2 フルセット・デリバリーの対象株主

　フルセット・デリバリーを一部の株主（たとえば，機関投資家や大株主）に対してのみ実施することが許されるかという点については，部会の開催に先立ち，公益社団法人商事法務研究会において開催されていた会社法研究会の報告では，「株式会社が全くの自由裁量により選定した株主に対してのみ株主総会情報を記載した書面を送付することについては異論があり得るが，少なくとも

株式会社が一定の合理的な基準により選定した株主に対して株主総会情報を記載した書面を任意に送付することについては許容されてよいと考える」とされており，一定の条件のもとで実施することは可能と考えられます。

3 フルセット・デリバリーの対象事項

　株主に提供する書面に記載する事項については，招集通知に電子提供措置事項の全てを加えたものが基本となり，会社の任意の選択により加除が可能になると考えられます。具体的には，書面交付請求への対応に関する考え方（前記Q19（書面交付請求⑤－電子提供の内容と交付書面の内容の同一性）参照）を参考に，電子提供措置が中断した場合の効果（後記 6 参照）等，自社の期待する効果を勘案のうえ，加除範囲を決定することとなるでしょう。

4 フルセット・デリバリーの時期的期限（発送時期）

　要綱では，電子提供措置の実施期限は株主総会の日の3週間前，招集通知の発送期限は株主総会の日の2週間前とされています（要綱第1部第1の2①，同3①）が，フルセット・デリバリーの発送のタイミングについては，会社が任意に選択することができると考えられます。これも，フルセット・デリバリーを実施することにより自社が期待する効果，事務スケジュール等を勘案し決定することになるでしょう。

5 フルセット・デリバリーの内容に誤りがあった場合

　電子提供措置事項には，電子提供措置事項を修正した場合は「その旨及び修正前の事項」が含まれています（要綱第1部第1の2①キ）。これを利用し，書面の提供時に，書面の内容について修正を要する場合には電子提供措置をとるウェブサイトのアドレスにて周知する旨をあわせて通知しておくこと（実質的

には，現在，一般的に利用されているウェブ修正と同様の方法）が考えられます。

6 フルセット・デリバリー利用時の留意点

　フルセット・デリバリーは，会社による任意の対応となりますので，比較的自由度が高いと思われます。なお，全ての株主に対し，法定期限までに，フルセット・デリバリーにより招集通知及び電子提供措置事項の全てが提供されている場合には，電子提供措置の中断期間（後記Q22（電子提供措置の調査・中断）参照）にかかわらず，株主総会決議の効力には影響しないと考えて良いのではないかとの意見があります。

　一方，そもそも，株主総会資料の電子提供制度が導入されたのは，株主総会資料をインターネットを利用する方法によって提供することができるようになれば，印刷や郵送等に要する費用が削減できる他，株主に対して従来よりも早期で充実した内容の株主総会資料を提供することが促進される等の点が期待されてのことです（前記Q2（電子提供制度の意義等）参照）。

　そのように考えますと，多くの会社が，電子提供制度ではなく，フルセット・デリバリーを採用することは，今般の要綱が目指している姿ではないとも思われます。フルセット・デリバリーの利用による実務上の影響については，今後も議論を注視していく必要があるでしょう。　　　　　　　（清水博之）

Comment
　フルセット・デリバリーはあくまでも会社の任意の対応であるため，法令上，個別の規制が設けられる予定はありませんが，書面の内容が恣意的である（たとえば，株主提案がなされている場合に，提案株主や提案内容に関するネガティブキャンペーンを展開する等）等，その態様によっては，株主総会決議の取消事由に該当するとの指摘もありますので，念のため留意が必要です。　　　　　　　　　　　　　　　　　　　　　　　　　（伊藤広樹）

V 電子提供制度に関する
その他の論点

Q22 電子提供措置の調査・中断

① 株主総会資料を電子提供する（電子提供措置）場合，適切に電子提供がされているか否かについては，当局や第三者がチェックすることになるのでしょうか。

② 電子提供措置として，自社のウェブサイトに株主総会資料を掲載していたところ，一時的に当該ウェブサイトにアクセスすることができなくなった場合，電子提供措置の効力はどのように取り扱われるのでしょうか。

1 電子提供措置の調査

中間試案では，株主総会資料に関する電子提供措置をとった場合，電子提供措置期間中，電子提供措置事項に係る情報が株主が提供を受けることができる状態に置かれているかどうかについて，外部の調査機関に対して調査を行うことを求めることとされていました。

その後，部会第16回会議に提出された「会社法制（企業統治等関係）の見直しに関する要綱案のたたき台」では，B案として，電子提供措置の調査に関する規律を設けないものとする選択肢が新たに示され，検討が行われました。

V 電子提供制度に関するその他の論点　95

この結果，部会第17回会議で示された要綱案（仮案）では，この電子提供措置の調査に関する記載はなくなり，要綱でも該当する記載はありません。このように先の要綱案のたたき台で電子提供措置調査に関する規律を設けないとする選択肢が登場した背景には，以下のような指摘があった模様です。

① 上場会社は，事業報告等を金融商品取引所のホームページに掲載することが求められており，これに加えて調査も要するというのは費用の無駄である。

② 電子提供措置については，株主以外の者が閲覧できないようにする措置をとることも許容され，そのための方法としては様々なものが考えられるが，その全てに対応できる調査システムを構築することは容易でない。

③ 調査制度がないとしても，会社が独自にウェブサイトからのログを保存し，これを証拠とすることで，中断に係る救済規定の要件（後記 2 参照）の充足を立証することも可能である。

2 電子提供措置の中断

要綱では，電子提供措置の「中断」について，「株主が提供を受けることができる状態に置かれた情報がその状態に置かれないこととなったこと又は当該情報がその状態に置かれた後改変されたことをいう」とされています（要綱第1部第1の5括弧書）。

この中断が生じた場合には，「株主総会等の招集の手続…が法令…に違反」するとして，株主総会決議の取消事由に該当する（会社法831条1項1号）おそれがありますが，要綱では，次のいずれにも該当する場合には，中断が生じた場合であっても，電子提供措置の効力に影響を及ぼさないものとすることとされています（要綱第1部第1の5①～④）。

① 電子提供措置の中断が生ずることにつき会社が善意でかつ重大な過失がないこと又は会社に正当な事由があること

② 電子提供措置の中断が生じた時間の合計が電子提供措置期間の10分の1

96 第1部 株主総会資料の電子提供制度

を超えないこと

③ 電子提供措置開始日から株主総会の日までの期間中に電子提供措置の中断が生じたときは，当該期間中に電子提供措置の中断が生じた時間の合計が当該期間の10分の1を超えないこと

④ 会社が電子提供措置の中断が生じたことを知った後速やかにその旨，電子提供措置の中断が生じた時間及び電子提供措置の中断の内容である情報について当該電子提供措置に付して電子提供措置をとったこと

したがって，一時的にウェブサイトへのアクセスに支障が生じた場合であっても，上記の4要件を充足すれば，電子提供措置の効力はそのまま維持されることとなり，株主総会決議の取消事由に該当することにはなりませんが，これらの4要件のいずれかが欠ける状態となる場合には，その効力に影響を及ぼすことになります。

3 中断に備えた対応

前記 1 のとおり，株主総会資料の電子提供措置に係る調査機関の調査義務は見送られましたが，その代わりに，電子提供措置の中断等，万が一の事態に備えた対応は各社で準備することとなります。

(1) 株主総会資料の電子提供措置が継続して実施されていることの確認

株主総会資料の電子提供措置の方法は具体的には法務省令の定めるところとなりますが，電子公告制度で採用されている方法が参考となりそうなことは前記Q5（電子提供措置の方法②—具体的な掲載方法）のとおりです。そこで，電子公告制度における調査の方法（会社法946条，電子公告規則5条）の概要を確認してみますと，以下のとおりとされています。

・電子計算機に公告アドレスを入力することにより，3回にわたってプロバ

イダーを経由する方法により行う。

・6時間に1回以上の頻度で情報確認を実施し，情報が受信できた場合には，その日時，受信情報，電子計算機に入力した公告アドレスを記録する。

・情報が受信できなかった場合には，その旨，その日時，電子計算機に入力した公告アドレスを記録する（この調査は，電子計算機に自動的に行わせる方法による）。

・情報が受信できた場合には，受信情報と公告情報とを比較し，両者が同一であるかどうかを判定の上，その判定結果と日時を記録する。

・上記の同一性の判定で，受信情報と公告情報が相違する結果となった場合あるいは判定自体ができなかった場合には，その判定結果と日時を記録する。

　この電子公告制度の調査と同様の調査等を実施するかどうかは検討の余地があると思われますが，一つの方法としては参考になると思われます。

⑵　電子提供措置をとる方法の選択

　電子提供措置は自社のホームページにて行うことが考えられますが，ウェブサイトの安定性等を考慮して，EDINETや金融商品取引所のウェブサイトの利用も検討に値するかもしれません（前記Q5（電子提供措置の方法②—具体的な掲載方法）参照）。

⑶　補完手段

　中断発生時に備え，中断による効果の発生（究極的には，株主総会決議の取消事由の発生）を未然に防ぐため，できるだけ速やかに復旧するための対応をあらかじめ検討・準備しておくことが考えられます。実際にどのような法的な効果が期待できるかについては今後の議論を待つ必要がありますが，不測の事態に備えて，電子提供措置中断時の補完サイトをあらかじめ招集通知に記載のうえ，株主に対して通知しておくことも考えられるかもしれません。

(4) 所管部署の決定等

　前記[2]のとおり，電子提供措置の中断は，「株主総会等の招集の手続……が法令……に違反」するとして，株主総会決議の取消事由（会社法831条1項1号）の対象になり得る重要な問題です。そのため，電子提供措置期間中に電子提供措置が適式に継続されていることを確認し，必要な記録を整え，万が一の場合の対応を主導する所管部署を，あらかじめリスク管理規程等で明定しておくことは有用かと思われます。また，株主への周知が必要と思われる内容については，株式取扱規程に定めその周知を図ることも考えられるかもしれません。

　これらの対応は，極めて実務的な部分かと思われますので，今後の株式総会実務界の関係者間の議論を，引き続き注視していくことが有用でしょう。

（清水博之）

Comment

　本文中でも解説したとおり，電子提供措置の中断が生じた場合には，「株主総会等の招集の手続…が法令…に違反」するとして，株主総会決議の取消事由（会社法831条1項1号）の対象になり得ますが，その中断が発生したタイミングにもよるとされています。具体的には，株主総会の開催前に電子提供措置の中断が生じた場合には，株主総会の招集手続に瑕疵があったと解され得るものの，株主総会の開催後に電子提供措置の中断が生じた場合には，必ずしも招集手続の瑕疵には該当しないとの見解も示されており，そのタイミングにより株主総会決議の取消事由の対象になり得るか否かが異なる可能性もあります。

　また，本文2の「4要件」（中断が生じた場合であっても，電子提供措置の効力に影響を及ぼさないものとするための要件）のうち，「②電子提供措置開始日から株主総会の日までの期間中に電子提供措置の中断が生じたときは，当該期間中に電子提供措置の中断が生じた時間の合計が当該期間の10分の1を超えないこと」については，特に留意が必要です。具体的には，既に述べたとおり，電子提供措置の実施期限は株主総会の日の3週間前の日であることから，ここで言う「電子提供措置開始日から株主総会の日までの期間」は3週間（21日）になりますが，その「期間の10分の1」は「2.1日」になります。したがって，電子提供措置の中断が「2.1日」間継続しただけで，電子提供措置の効力に影響が生じる（株主総会決議の取消事由の対象になり得る）ことになりますので，特に週末のバックアップ対応等（たとえば，金曜の深夜に中断が発生し，翌週月曜の朝まで当該中断の事実に気付かなかった場合には，「2.1日」間の中断に該当することになります）については，留意が必要です。　　　　　　　　　　　　　　　　　　　　　　　　　　　　（伊藤広樹）

100　第1部　株主総会資料の電子提供制度

Q23　電磁的方法による招集手続との関係

現行会社法において，会社は電磁的方法により株主総会の招集通知を発信することができると理解していますが，株主総会資料の電子提供制度の導入後，この電磁的方法による招集手続との関係はどのように整理されるのでしょうか。

1　電磁的方法による招集手続の概要

　現行会社法においても，会社は，電磁的方法により招集手続を行うことが可能です。具体的には，会社は，株主の承諾を得たうえで，電磁的方法により株主総会の招集通知を発信することができ（会社法299条3項前段），この場合，会社は書面により株主総会の招集通知を発出したものとみなされることになります（同条3項後段）。

　ここで言う「電磁的方法」とは，たとえば，電子メールの送付，ウェブサイトからのダウンロード，CD-R等の交付等が挙げられます（会社法2条34号，同法施行規則222条）。そして，会社が株主から承諾を得ようとする場合，会社は，予め当該株主に対して，利用する電磁的方法の種類及び内容を示す必要があります（会社法施行令2条1項2号，同法施行規則230条）。

　このように見ると，現行会社法上の電磁的方法による招集手続は，株主総会資料の電子提供制度とその内容が類似していると言えますが，現在，この電磁的方法による招集手続を採用している会社は少なく，利用が低調であると指摘されています。これは，電磁的方法による招集手続が個々の株主の承諾を条件としている点で，制度導入のハードルが高いことによるとされています。

　特に上場会社の場合には，多くの株主が存在するため，これらの個々の株主から個別に承諾を得ることは極めて困難であると言えるでしょう。なお，仮に一部の株主から承諾を得ることができたとしても，大半の株主から承諾を得ら

れていない場合には，結局のところ株主総会資料の印刷・封入・発送の作業等が発生する等の点で，株主総会資料の準備に要する手間等にあまり変わりはないことになります。

これに対して，株主総会資料の電子提供制度については，その導入にあたり個々の株主の承諾は必要でなく，定款変更によって導入することができるとされていますので，仮に制度導入に反対する株主が存在していても，株主総会の特別決議（多数派株主の賛成）を得ることにより強制的に制度を導入することができます。

2 株主総会資料の電子提供制度導入後の位置づけ

株主総会資料の電子提供制度導入後において現行会社法上の電磁的方法による招集手続をどのように取り扱うかは，部会においても議論がなされていました。

具体的には，株主総会資料の電子提供制度において，株主は会社に対して書面交付請求を行うことができるとされていますが，この電磁的方法による招集手続に関して承諾をした株主については，招集手続が書面によらないことについて承諾している以上，書面交付請求を行うことができないこととすべきではないかが議論されていました。

結論として，要綱では，書面交付請求の主体である「電子提供措置をとる旨の定款の定めがある株式会社の株主」から，「第299条第3項の承諾をした株主」が除かれており，電磁的方法による招集手続に関して承諾をした株主は，会社に対して，書面交付請求権を行使できないこととされています（要綱第1部第1の4①柱書括弧書）。

もっとも，株主がこの承諾を撤回した場合には，会社は，当該株主による書面交付請求権の行使を認めなければなりませんので，念のため留意が必要です。

```
┌─────────────────────────────────────────────────┐
│    電磁的方法による招集手続に関して承諾をした株主    │
│                                                 │
│         書面交付請求権を行使することができない。    │
│                        ↓                        │
│  株主が承諾を撤回した場合には，書面交付請求権の行使は可能となる。 │
└─────────────────────────────────────────────────┘
```

（伊藤広樹）

Comment

現行会社法で認められている電磁的方法による招集通知の発信ですが，本文にもあるとおり，個々の株主の承諾がネックとなっているのか，採用割合は3.8%に留まっており，次回総会で採用予定（1.6%）を含めても5%程度に留まっているとのデータもあります（商事法務研究会編「株主総会白書 2018年版」商事法務2184号60頁（図表44））。更に，この制度を採用した会社が実際に電磁的方法により招集通知を発信した株主比率ですが，全体の1%未満が18.5%と多数となっており，全体の10%未満が過半（66.2%）となっています（商事法務研究会編「株主総会白書 2018年版」商事法務2184号60頁）。このような現行制度の利用状況を勘案すると，株主総会関係資料の電子提供制度の導入にあたり，現行制度の影響はそれほど大きくないと推測されます。

（清水博之）

V　電子提供制度に関するその他の論点　103

Q24 ウェブ開示制度との関係

株主総会資料の電子提供制度の導入後，現行会社法上の制度であるウェブ
開示制度との関係はどのように整理されるのでしょうか。

1 ウェブ開示制度の概要

　現行会社法においても，株主総会資料に関する情報を会社のウェブサイトに
掲載できる制度（ウェブ開示制度）が存在しています。

　具体的には，株主総会参考書類，事業報告，計算書類及び連結計算書類に記
載すべき事項の一部について，定款にその旨の定めを設けたうえでウェブサイ
トに掲載し，そのウェブサイトのアドレス（URL）を株主に通知することに
より，当該事項が株主に提供されたものとみなされる制度です（会社法施行規
則94条1項・133条3項，会社計算規則133条4項，134条4項）。会社は，ウェブサ
イトにこれらの事項を掲載することにより，招集通知において当該事項の記載
を省略することができます。

　このように見ると，現行会社法上のウェブ開示制度は，株主総会資料の電子
提供制度とその内容が類似していると言えます。この点に関して，ウェブ開示
制度については，現在，多くの会社が導入し，電子化の一つの方法として活用
されていますが，他方で，対象となる事項が限られています。

　たとえば，株主総会参考書類については，議案はウェブ開示制度の対象外と
されており，また，計算書類については，株主資本等変動計算書及び個別注記
表のみがウェブ開示制度の対象となり，貸借対照表及び損益計算書等は対象外
とされています（なお，連結計算書類については，その全てがウェブ開示制度
の対象とされています）。

　このように，ウェブ開示制度は，その対象となる事項が限定されているため，
電子化の観点からは必ずしも十分な制度ではないと言えます。

104　第1部　株主総会資料の電子提供制度

　これに対して，株主総会資料の電子提供制度については，対象となる事項に制限はなく，株主総会資料全般がその対象とされています。

2　株主総会資料の電子提供制度導入後の位置づけ

　株主総会資料の電子提供制度導入後において現行会社法上のウェブ開示制度をどのように取り扱うかは，部会においても議論がなされていました。具体的には，株主総会資料の電子提供制度において，株主は会社に対して書面交付請求を行うことができるとされていますが，ウェブ開示制度の対象となる事項については，書面交付請求の対象外とすべきではないかが議論されていました。

　この点に関して，書面交付請求が株主間のデジタル・ディバイドの観点から設けられた仕組みであることを重視すると，書面交付請求がなされた場合には，ウェブ開示制度の対象となる事項も含めて株主に書面を交付すべきとの帰結になり得ますが，他方で，現行会社法においても，ウェブ開示制度の対象となる事項について株主が会社に対して書面の交付を請求することはできない以上，株主に対して改正会社法により現行会社法よりも手厚い保障を与える必要はなく，むしろ電子化を後退させることになるのではないかとの指摘もあり得るところです。

　結論として，要綱では，現行会社法上のウェブ開示制度が存続することを前提に，「電子提供措置事項のうち法務省令で定めるものの全部又は一部」については，書面交付請求に係る交付書面に記載することを要しない旨を定款に定めることができるとされています（要綱第1部第1の4③）。

　ここで言う「法務省令で定めるものの全部又は一部」の具体的な内容は，今後の議論を待つ他ありませんが，現行会社法上のウェブ開示制度の対象とされている事項が一つの基準となるのではないかと推測されるところです。

（伊藤広樹）

V 電子提供制度に関するその他の論点　105

Comment
　現在のウェブ開示制度の対象書類は本文中のとおりですが，実務的にはその対象が拡大される（たとえば，単体の計算書類に係る監査報告・会計監査報告等）ことが期待されます。また，本文中にもあるとおり，本制度の採用のためには定款にその旨の規定を設けることが必要ですので，改正会社法施行前後での定款変更対応が必要となり得ます（電子提供制度のように，みなし定款変更は予定されていないようです）。　　　　　　　　　　（清水博之）

第2部

株主提案権の見直し

108　第2部　株主提案権の見直し

Q25　株主提案権の見直しの概要

要綱では，株主提案権についても見直しがなされているようですが，具体的にどのような見直しがなされているのでしょうか。

1　株主提案権の概要

　現行会社法上，株主提案権については，以下の3つの類型が定められています。

　①　議題提案権（会社法303条）

　　株主が，取締役に対して，株主総会の8週間前までに，一定の事項を株主総会の目的事項とすることを請求できる権利

　②　株主総会における議案提案権（修正動議）（会社法304条）

　　株主総会において，株主が，株主総会の目的事項について議案を提出できる権利

　③　株主総会前の議案提案権（議案要領通知請求権）（会社法305条）

　　株主が，取締役に対して，株主総会の8週間前までに，株主総会の目的事項につき当該株主が提出しようとする議案の要領を株主に通知することを請求できる権利

　一般に，株主総会の前になされる株主提案は，上記①の議題提案権と上記③の議案提案権とが一緒に行使されたものであることが通常です。たとえば，株主が，定款上の取締役の員数が多すぎるため，これを削減する必要があると考えた場合には，「定款一部変更の件」という「議題」を提案する（上記①）とともに，「当会社の取締役は，○名以内とする」との定款規定を「当会社の取締役は，×名以内とする」との内容に変更する旨の「議案」を提案する（上記③）ことになります。

　上記②の議案提案権は，株主総会の議場で株主から提案されるもので，いわ

ゆる「修正動議」と呼ばれるものです。この修正動議については，株主総会の目的事項に関するものに限って許容されており，たとえば，先程の具体例を前提にすると，株主総会の目的事項（議題）として「定款一部変更の件」が掲げられていない場合に，「当会社の取締役は，○名以内とする」との定款規定を「当会社の取締役は，×名以内とする」との内容に変更する旨の「議案」を修正動議として提案することはできません。

　また，取締役会設置会社かつ公開会社である株式会社においては，前記①の議題提案権と前記③の議案提案権に関して，提案株主の議決権保有要件が定められています。具体的には，原則として，総株主の議決権の100分の1以上の議決権又は300個以上の議決権を6か月前から継続して保有している株主のみが，これらの株主提案権を行使することができるとされています（会社法303条2項，305条1項）。

　これに対して，前記②の議案提案権（修正動議）については，このような提案株主の議決権保有要件は定められていません。

	①議題提案権	②議案提案権 （修正動議）	③議案提案権 （議案要領通知請求権）
対象	議題	議案	議案
行使の時期	株主総会の8週間前まで	株主総会開催時（議場）	株主総会の8週間前まで
議決権保有要件	あり	なし	あり

2　株主提案権の見直しの経緯・背景

　株主提案権は，昭和56年の商法改正により導入された制度です。株式会社の実質的所有者である株主が，株主総会を通じて自らの意思を株式会社の経営に反映させるとともに，株主総会を活性化させるための制度として，これまで活

110　第2部　株主提案権の見直し

用されてきました。

　他方で，近年は，この株主提案権が濫用的に行使される事例も散見されます。たとえば，一人の株主により膨大な数の議案が提案されたり，会社を困惑させる目的等，正当でない目的により議案が提案されたりする事例が見られます。このように株主提案権が濫用的に行使されることにより，本来予定されている株主提案権の目的が実現できないのみならず，株主総会における審議の時間等が無駄に割かれ，株主総会の意思決定機関としての機能が害されることや，会社における株主提案の内容の検討や招集通知の作成・印刷等に要する手間・コスト等が不合理に増加すること等が弊害として指摘されています。

　この点に関して，裁判例上，株主提案権の行使が権利濫用として許容されない場合がある旨は既に指摘されています（東京高判平成27年5月19日金判1473号26頁，東京高決平成24年5月31日資料版商事法務340号30頁等）が，「権利濫用」とはあくまでも民法上の一般原則（民法1条3項）であり，具体的にどのような株主提案権の行使が権利濫用に該当すると認められるかは必ずしも定かではありません。このような状況下で，会社が，株主から行使された株主提案権の内容が権利濫用に該当するか否かを判断することは，極めて困難であると言えるでしょう。

　そこで，要綱では，株主提案権の濫用的な行使を制限することを目的として，株主提案権について一定の見直しを行うことが予定されています。

3　株主提案権の見直しの概要

　上記②で述べたように，要綱では，株主提案権の濫用的な行使を制限することを目的として，株主提案権について一定の見直しを行うことが予定されていますが，濫用的な株主提案権の行使として典型的な類型としては，上記②でも例示した，一人の株主により膨大な数の議案が提案されるケースや，会社を困惑させる目的等，正当でない目的により議案が提案されたりするケースが挙げられます。そこで，要綱では，①株主が同一の株主総会において提案

第2部 株主提案権の見直し 111

することができる議案の数を制限すること，②株主による不適切な目的等による議案の提案を制限することが予定されています（要綱第1部第2の1，同2）。

上記①の制限の詳細については，後記Q27（議案の数の制限）及びQ28（議案の数に関する諸問題），上記②の制限の詳細については，後記Q29（目的等による制限）をご参照ください。

株主提案権の見直し

① 株主が同一の株主総会において提案することができる議案の数を制限する。
② 株主による不適切な目的等による議案の提案を制限する。

---

4 行使要件の見直しの有無

上記3で述べた株主提案権の見直しの内容の他，部会では，株主提案権の行使要件（議決権保有要件，行使期限）についても見直しをすべきではないかが議論されていました。

(1) 議決権保有要件

前記1のとおり，議題提案権（会社法303条）及び株主総会前の議案提案権（会社法305条）については，原則として，総株主の議決権の100分の1以上の議決権又は300個以上の議決権を6か月前から継続して保有している株主のみにこれらの行使が認められるという，議決権保有要件が定められています。

部会では，これらの議決権保有要件のうち，「300個以上の議決権」の部分を削除する，又はその個数を引き上げるべきではないかとの指摘がなされていました。その主な理由としては，①株主提案権の導入当時と比較して，投資単位が減少しており，「300個以上の議決権」の要件を充たすのが容易になり過ぎていること，②もう一つの要件である「総株主の議決権の100分の1以上の議決権」と比較して，実際に必要となる議決権数の乖離が著しい（実際には，「総

112　第2部　株主提案権の見直し

株主の議決権の100分の1以上の議決権」に全く届かない株主も「300個以上の議決権」の要件を充たしている）こと，③大株主以外の株主による株主提案に対する賛成割合は，その大部分が10％未満に留まっていること等が挙げられていました。

　他方で，これらの理由に対しては，次のような反論もなされています。具体的には，①「300個以上の議決権」の要件であっても，個人株主にとっては高額の投資が必要になる（東京証券取引所市場第一部における平成28年の平均的な投資単位は約26万円であるとされているため，「300個以上の議決権」の要件を充たすためには合計で約7,800万円の投資が必要になる）ため，「300個以上の議決権」の要件を充たすのが容易になり過ぎているとまでは言えないこと，②そもそも議決権保有要件を「総株主の議決権の100分の1以上の議決権」と「300個以上の議決権」の異なる要素で構成している趣旨は，大規模な会社においても株主提案権の行使の機会を確保する点にある以上，両要件間で実際に必要となる議決権数の乖離が生じることは元々予定されていたはずであること，③賛成割合の多寡は会社の株主構成等によるものであり，有益な内容の提案であっても賛成割合が高いとは限らないことから，単純に賛成割合を理由として株主提案権の行使を制限するのは合理的でないこと等が指摘されていました。

　結論として，要綱では，「300個以上の議決権」の部分を削除する，又はその個数を引き上げる旨の見直しについては見送られることになり，現行会社法の規律が維持されることになりました。

(2)　行使期限

　前記 1 のとおり，現行会社法上，議題提案権（会社法303条）及び株主総会前の議案提案権（会社法305条）については，株主総会の8週間前までに行使する必要があるとされています。部会では，この行使期限について，近時，招集通知の早期発送や発送前開示に取り組む上場企業が増加している等の状況に鑑みて，その準備の期間を確保するために，この行使期限を前倒しすべきではないかとの指摘がなされていましたが，結論として，要綱では，行使期限の前倒

第2部　株主提案権の見直し　113

しについては見送られることになりました。

　確かに，招集通知の早期発送や発送前開示の観点からは，株主提案権の行使
期限を前倒しすることが会社にとっては便宜であるものの，現行会社法の規律
の下でも，株主は，株主提案権の行使時に株主総会の開催日を正確には把握し
ていないのが通常であるため，株主提案権の行使期限を前倒しした場合には，
株主提案権の行使がより一層困難になるおそれがあると考えられます。また，
第1部（株主総会資料の電子提供制度）において紹介した，株主総会資料の電
子提供制度を活用することにより，招集通知の準備に要する時間が短縮される
ため，敢えて株主提案権の行使期限を前倒しする必要はないのではないかとの
指摘もなされていたところです。そのような問題意識も踏まえて，要綱では，
行使期限の前倒しについては見送られることになり，現行会社法の規律が維持
されることになりました。

5 業務執行事項に係る定款変更を対象とした株主提案への対応

　前記 4 で述べた行使要件の見直しに加えて，部会では，業務執行事項に係
る定款変更を対象とした株主提案への対応をどうするかという点も議論されて
いました。業務執行事項に係る定款変更とは，代表取締役に対して特定の業務
執行を義務づける内容の規定を設ける旨の定款変更を指しますが，たとえば，
定款上，「代表取締役は，有価証券報告書において取締役全員の個別報酬額を
開示しなければならない」旨の規定を設ける旨の定款変更が挙げられます。

　まず，現行会社法上の規律を整理すると，取締役会設置会社の株主総会は，
会社法及び定款所定の事項に限り決議ができるとされています（会社法295条2
項）。そして，現行会社法上，個々の業務執行事項については，（重要な業務執
行の決定については，原則として取締役会決議が必要となるものの，）（代表）
取締役に委ねられているため，これを株主総会において決議することはできま
せん。したがって，株主が，代表取締役に対して特定の業務執行を義務づける
ことを企図したとしても，個々の業務執行事項については株主総会決議事項で

【図2-1】 見直しが見送られた事項

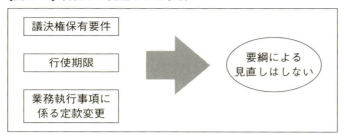

ない以上，それ自体を株主提案の対象とすることはできません（理論的には，株主は，そのような特定の業務執行を行ってくれるような（代表）取締役を選任する旨の議案（取締役選任議案）を株主提案すべきことになります）。

他方で，現在の株主総会の実務では，株主から，代表取締役に対して特定の業務執行を義務づける規定を追加する旨の定款変更議案が提案されるケースが散見されています。この場合，株主総会の決議事項として提案されているのは定款変更議案であり，定款変更には株主総会決議が必要である（会社法466条）ことから，形式的には，適法に株主提案権が行使されていることになります。しかしながら，本来的には株主総会の決議事項ではないはずのものが株主提案権の対象とされている点で，現行会社法の規律を潜脱しているのではないかとの指摘もなされています。

そのような問題意識の下，部会でも様々な議論がなされていましたが，業務執行事項に係る定款変更を対象とした株主提案を制約することは，現行会社法の規律に大きく関わる問題であるため，慎重に検討すべきであるとの指摘や，濫用的な内容の株主提案権の行使については，今般の株主提案権の数・目的等の制限により合理的な制約が可能ではないかとの指摘もなされたこと等から，結論として，要綱では，業務執行事項に係る定款変更を対象とした株主提案を制約する旨の見直しについては見送られることになり，現行会社法の規律が維持されることになりました。 (伊藤広樹)

第2部　株主提案権の見直し　115

Comment

　株主提案権に関して，議決権保有要件の見直しや業務執行事項に係る定款変更を対象とした提案の制限については，今回の改正では見送られることとなりました。実務界からは，株主が同一の株主総会において提案することかできる議案の数の制限や株主による不適切な目的等による議案の提案の制限では現行会社法下の運用と大きく変わらないのではないかといった声も挙がりました。しかしながら，今般の要綱の検討の背景として，濫用的な株主提案の弊害が指摘されている点は重要であり，今後，株主提案を受けることとなる会社は，この点を踏まえ，提案株主と提案内容についての確認等を行う必要があるものと思われます。　　　　　　　　　　　　　　　（茂木美樹）

116　第2部　株主提案権の見直し

Q26　見直しの範囲・対象

要綱では，議案の提案権のみならず，議題の提案権についても見直しがなされているのでしょうか。また，株主総会において株主から議案が提案された場合（いわゆる修正動議）についても，要綱による見直しの対象に含まれているのでしょうか。

1　広義の株主提案権と狭義の株主提案権

　株主は，会社の取締役に対して，①自らの議決権を行使できる事項について株主総会の目的とすることを請求することができる権利（議題提案権）（会社法303条），②株主総会の目的である事項について議案を提出することができる権利（議案提案権（修正動議））（会社法304条），③株主総会の目的である事項について当該株主が提出しようとする議案の要領を株主に通知することを請求することができる権利（議案要領通知請求権）（会社法305条）を有しています。

　これら3つの権利を広義の株主提案権といい，通常，株主提案権と呼ばれる権利は，これら3つの権利のうち，議題提案権（上記①）と議案要領通知請求権（上記③）を総称したものをいいます（狭義の株主提案権）。

2　見直しの範囲・対象

　株主提案権は，経営者と株主との間のコミュニケーションを良くすることにより開かれた株式会社を実現する目的で導入されたものでしたが，近時においては，会社を困惑させる目的の提案，一人の株主による膨大な数の議案の提案等，株主提案権を濫用的に行使する事例がみられるようになり，株主総会において審議の時間等が無駄に割かれること，会社における検討や招集通知の印刷等のコストが増加するといった弊害が指摘されています。

このような問題に対処するため，取締役会設置会社においては，議案要領通知請求権（会社法305条1項）に基づき株主が同一の株主総会に提案することができる議案の数は10を超えることができないとすること，また，株主提案の目的が専ら人の名誉を侵害し又は人を侮辱する目的である等，不適切な内容の株主提案を制限することが予定されています。

一方，議題提案権（会社法303条）については，株主が同一の株主総会に提案することができる議題の数や不適切な内容の提案であることによる制限を行わない予定です。これは，①現行会社法上，議題提案権については，株主の基本的権利であるとして，実質的に同一の議案の制限（会社法304条但書，305条4項）と同様の制限が設けられなかったことや，②株主提案権の濫用的な行使が問題となっている，株主総会参考書類を交付等しなければならない会社においては，株主が議題提案権を行使した場合に，あわせて当該議題に対応する議案の要領（会社法305条）を追加しなかったときには，会社は当該株主の提案を拒否することができると解されていることを踏まえると，議題提案権に基づき株主が同一の株主総会に提案することができる議題の数を制限することや，議題提案権に基づく不適切な内容の提案を制限することは相当でなく，また，その必要性は高くないと考えられるからです。

また，議場における議案提案権（修正動議）（会社法304条）については，①取締役会設置会社においては，株主総会は，招集通知に記載された目的事項以外の事項については決議をすることができないこと（会社法309条5項），②議案の修正動議の範囲も目的事項から一般的に予見することができる範囲を超えることはできないと解されていること，③議場における議案提案権の行使の態様等によっては，その議案や修正動議を必ずしも取り上げなければならないものではないと解されていることを踏まえると，議場における議案提案権に基づき株主が同一の株主総会に提案することができる議案の数を制限することは，その必要性が高くないと考えられ，かかる制限は行われない予定です。

118　第2部　株主提案権の見直し

	①議題提案権	②議案提案権 （修正動議）	③議案提案権 （議案要領通知請求権）
「数」の制限	なし	なし	あり
「目的等」の制限	なし	あり	あり

（茂木美樹）

Comment

　議場における議案提案権（修正動議）（会社法304条）については，議案の「数」の制限は課されませんが，「内容」の制限は課されることになりますので，①株主が，専ら人の名誉を侵害し，人を侮辱し，若しくは困惑させ，又は自己若しくは第三者の不正な利益を図る目的で，株主提案を行う場合，又は，②株主提案により，株主総会の適切な運営が著しく妨げられ，株主の共同の利益が害されるおそれがあると認められる場合に該当するかが問題となります。詳細については，後記Q29（目的等による制限）をご参照ください。

（伊藤広樹）

Q27 議案の数の制限

株主提案権により提案することができる議案の数には、具体的にどのような制限が設けられることになったのでしょうか。

1　総　論

既に述べたとおり、要綱では、株主提案権の見直しの一つとして、株主が同一の株主総会において提案することができる議案の数を制限することが予定されています。

そして、その制限の対象となる具体的な「数」については、部会でも様々な議論がなされていました。中間試案の段階では、「5」個とする案と「10」個とする案が示され、この他、部会では「1」個や「3」個とする意見もみられました。

最終的に、要綱では、株主が同一の株主総会において提案することができる議案の数は「10」個に制限されることになりました（要綱第1部第2の1）。

もっとも、議案の内容によっては、その数の数え方が問題になるものもあります。具体的には、役員等の選解任等に関する議案、定款変更議案ですが、これらについては、後記 2 において詳述します。

【図2-2】議案の数え方が問題となる事項

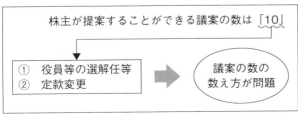

120　第2部　株主提案権の見直し

2　各　論

(1)　役員等の選解任等

　役員等の選解任等に関する議案は，招集通知では，たとえば「第3号議案 取締役5名選任の件」のように1個の議案として構成されているものであっても，理論上は，候補者1名につき1個の議案が成立している（したがって，「第3号議案　取締役5名選任の件」の場合には，その議案の数は5個となる）と解されています。

　この数の数え方を形式的に当てはめた場合，たとえば，取締役を10名選任する旨の議案では，その議案の数は10個となるため，取締役選任議案のみで株主提案に係る議案の数の上限を充たしてしまうことになります（それだけでなく，株主提案では，10名を超える数の取締役選任議案を提案することができないことになります）が，これは株主提案に対する過度な制約であると考えられます。

　そこで，部会では，役員等の選解任等に関する議案の数の数え方をどのようにすべきかが議論されていました。中間試案では，役員等の選解任等に関する議案の数を候補者の人数にかかわらず1個としてカウントする案と，役員等の選解任等に関する議案については，株主が提案できる議案の数の上限との関係ではカウントしない案が示されましたが，結論として，要綱では，以下の整理となりました（要綱第1部第2の1①～③）。

　①　取締役，会計参与，監査役又は会計監査人の選任に関する議案
　　　当該議案の数にかかわらず，これを1個の議案とみなす。

　②　取締役，会計参与，監査役又は会計監査人の解任に関する議案
　　　当該議案の数にかかわらず，これを1個の議案とみなす。

　③　会計監査人を再任しないことに関する議案
　　　当該議案の数にかかわらず，これを1個の議案とみなす。

(2) 定款変更

　定款変更議案は，招集通知では，複数の条項を追加・変更する内容のもので
あっても，たとえば「第1号議案　定款一部変更の件」のように1個の議案と
して構成されていることが一般的です。

　この数の数え方を形式的に当てはめた場合，たとえば，株主が相互に関連性
のない多数の条項を追加する旨の定款変更議案を提案した場合でも，これを1
個の議案として取り扱うことになるため，株主が提案できる議案の数に上限を
設けた意味が失われかねません。特に，前記Q25（株主提案権の見直しの概
要）⑤で述べたとおり，要綱では，業務執行事項に係る定款変更を対象とした
株主提案を制限することは見送られましたので，多数の業務執行事項に関して，
定款変更の内容として株主提案がなされた場合には，その問題は顕著なものと
なります。

　そこで，部会では，定款変更議案の数の数え方をどのようにすべきかが議論
されていましたが，結論として，要綱では，定款変更に関する2個以上の議案
が提出された場合，当該2個以上の議案について「異なる議決がされたとすれ
ば当該議決の内容が相互に矛盾する可能性がある」ときには，これらを1個の
議案とみなすとされています（要綱第1部第2の1④）。

　たとえば，監査役会設置会社が監査等委員会設置会社へと移行しようとする
場合，その定款変更の内容は，大きく「監査等委員会の設置」と「監査役（会）の
廃止」に分けられますが，いずれかのみ可決された場合には，矛盾が生じるこ
とになる（会社法の規定に違反して，監査等委員会と監査役（会）が併存する
ことになるか，あるいは，何らの監査機関も設置されないことになる）ため，
「異なる議決がされたとすれば当該議決の内容が相互に矛盾する可能性がある」
ことになります。したがって，この場合の定款変更議案は「1個」として数え
られることになります。

　これに対して，「会社の目的を追加する」旨の定款変更議案と「取締役の員
数を減少させる」旨の定款変更議案は，いずれかのみ可決された場合でも矛盾
が生じることにはならないため，「異なる議決がされたとすれば当該議決の内

容が相互に矛盾する可能性がある」ことにはならず，この場合の定款変更議案は「2個」として数えられることになります。

【2-3】議案の数え方の例

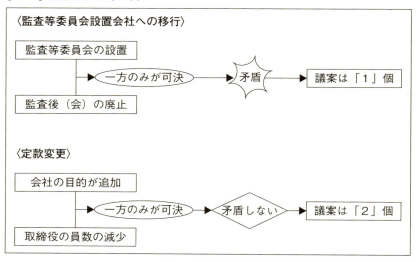

(伊藤広樹)

Comment

　監査等委員会設置会社への移行を株主が提案する場合を例にとると，少なくとも，定款変更議案，監査等委員でない取締役選任議案（3名以上選任），監査等委員である取締役選任議案（3名以上選任），監査等委員でない取締役の報酬決定議案，監査等委員である取締役の報酬決定議案の5議案が提案されることになると考えられます。

(中川雅博)

第2部　株主提案権の見直し　123

Q28　議案の数に関する諸問題

①　株主から提案がなされた議案の数が上限（10個）を超えた場合，会社としてはどのように対応することが求められるのでしょうか。

②　複数の株主により株主提案権が行使された場合，その株主提案権に係る議案の数は，どのように数えられるのでしょうか。

1　議案の数が10個を超えた場合の対応

(1)　議案の数の制限の性質

要綱によると，株主が議案要領通知請求（会社法305条1項）をする場合において，当該株主が提出しようとする議案の数が10個を超えるときは，会社法305条1項から3項までの規定は，10個を超える数に相当することとなる数の議案については適用しないものとするとしています（要綱第1部第2の1）。即ち，株主が10個を超えた数の議案を提案した場合，会社は，10個を超える部分の議案については議案要領通知請求権の行使を拒絶することができます。

また，10個を超える部分の議案について，会社は議案要領通知請求権の行使を拒絶しないことも認められ，拒絶しなくても株主総会決議が違法となるわけではありません（神田秀樹「「会社法制（企業統治等関係）の見直しに関する要綱案」の解説」商事法務2192号5頁）。

(2)　「10」の議案の数の数え方

株主が提案した議案の数が10個を超えているかどうかを判断する際には，株主が提案した議案がその内容に照らして適法か否かに関係なく，形式的に当該株主が提案した議案の数で判断することができます（中間試案の補足説明第1部第2(1)，部会第17回会議・野村委員発言，竹林幹事発言参照。なお，竹林幹事の発言では，「企業が先に違法なものを除外して10（個）取り扱うということが必ずしも

124　第2部　株主提案権の見直し

妨げられるものではない」とも述べられています）。

　次に，要綱は，株主が提出しようとする議案の数が10個を超えるときにおける10個を超える数に相当することとなる数の議案は，取締役がこれを定めるものとするものの，株主がその請求とあわせて株主が提出しようとする2個以上の議案の全部又は一部について議案相互間の優先順位を定めている場合には，取締役は，その優先順位に従わなければならないとしています（要綱第1部第2の1（注））。即ち，10個を超える部分の議案（裏返して言うと提案内容の適法性を検討する対象となる10個の議案）は，株主から優先順位について指定がない限り，会社が定める方法により特定することができます。

　会社が定める方法としては，あらかじめ株式取扱規程等の会社の内規で一定の合理的な数え方を定めておくことが想定されているようです（部会第17回会議・北村委員発言，竹林幹事発言参照）。

2　複数の株主による共同行使の場合の取扱い

　複数の株主により共同して株主提案権が行使される場合であっても，各株主が提案することができる議案の数は10個を超えることができないと考えられます（中間試案の補足説明第1部第2の1⑸）。この点については，要綱に記載はありませんが，中間試案での考え方から変更はないとされています（神田秀樹「「会社法制（企業統治等関係）の見直しに関する要綱案」の解説」商事法務2192号8頁）。

　以下，中間試案で例示されているケースについて紹介します。

　たとえば，株主Aが，他の株主B及びCと共同して議案要領通知請求権を行使し，10個の議案を提案した場合には，A，B及びCの各株主がそれぞれ10の議案を提案したことになるため，当該各株主は他の株主Dと共同して議案要領通知請求権を行使しようとする場合であっても，既に提案した10個の議案以外の議案を更に提案することはできないこととなります。また，たとえば株主A，B及びCが全員で共同して議案要領通知請求権を行使し，6個の議案を提案し

た場合には，A，B及びCの各株主がそれぞれ6個の議案を提案したと捉えることになるため，当該各株主は他の株主Dと共同して議案要領通知請求権を行使しようとする場合には既に提案した6個の議案以外に，4個までの議案を提案することができることとなります。

【2-4】複数の株主による共同行使の場合の取扱い

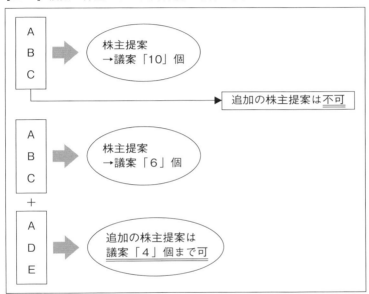

（中川雅博）

Comment

　株主提案権を行使するための要件のうち議決権保有要件については，複数の提案株主で合算した議決権数がその要件を充たしていれば足りることとなりますので，典型的にはそのような場合に上記[2]の取扱いが問題になる（裏を返せば，単独の株主で議決権保有要件を充たしている場合には，株主が提案できる議案の数の上限が定められている以上，わざわざ複数の株主により共同して株主提案権を行使する必要がない）と考えられます。　　（伊藤広樹）

126 第2部 株主提案権の見直し

Q29 目的等による制限

要綱による今般の見直しによって，その目的等により株主提案権の行使が制限されるようですが，具体的にどのような目的等がある場合に，株主提案権の行使が制限されるのでしょうか。

1 制限の概要

　現行会社法上，株主提案の内容に関する制限としては，法令若しくは定款に違反する場合，又は実質的に同一の議案につき総株主の議決権の10分の1以上の賛成を得られなかった日から3年を経過していない場合（会社法304条但書，305条4項）のみに限られます。なお，株主提案の理由が明らかに虚偽である場合，又は専ら人の名誉を侵害し，若しくは侮辱する目的によるものと認められる場合には，その提案理由を株主総会参考書類に記載する必要はないとされています（会社法施行規則93条1項3号括弧書）が，これはあくまでも株主提案の理由に関する制限であり，株主提案の内容それ自体に関する制限ではありません。

　そこで，要綱では，株主提案の目的等に着目して，次のいずれかに該当する株主提案を制限することが予定されています（要綱第1部第2の2）。

① 株主が，専ら人の名誉を侵害し，人を侮辱し，若しくは困惑させ，又は自己若しくは第三者の不正な利益を図る目的で，株主提案を行う場合（制限事由①）

② 株主提案により，株主総会の適切な運営が著しく妨げられ，株主の共同の利益が害されるおそれがあると認められる場合（制限事由②）

2 制限事由①

　制限事由①は，株主提案の目的に着目したものです。このような目的による株主提案は，正当な権利行使ではなく，株主総会の活性化を図ることを目的とする株主提案権の制度の趣旨に反するのみならず，株主総会における審議の時間等が無駄に割かれ，株主総会の意思決定機関としての機能が害されるといった弊害が生じる可能性があるため，これを制限することを意図しています。

　「人の名誉を侵害し，人を侮辱」するか否かについては，客観的に見て人の名誉を侵害する事実があるか，また，人を侮辱する事実があるかが問題になると考えられています。

　また，部会では，仮に「人の名誉を侵害し，人を侮辱」するものであったとしても，株主提案において株主から指摘された事実が真実である場合には，株主提案を認めるべきではないかとの意見もみられましたが，中間試案の補足説明において，法務省からは，「仮に，株主による摘示された事実が真実であるときであっても，株式会社は当該株主提案を拒絶することができると考えられる」との見解が示されています。

3 制限事由②

　制限事由②は，株主共同の利益の観点から制限を課すものです。

　そして，中間試案の補足説明において，法務省からは，「株主総会の適切な運営」には，株主総会当日の運営が該当するのは当然のこととして，株主総会の準備段階も含まれる旨の見解が示されています。たとえば，株主が不必要に多数又は長大な内容の条項を含む定款の変更に関する議案を提案したことにより，会社に通常の株主総会の準備としては生じないような規模の膨大な時間的又は人的コストが発生するような場合や，株主総会当日において議案の検討に多大な時間を要し，他の株主による株主総会の議場における質問時間や他の議

128　第2部　株主提案権の見直し

案の審議時間が大幅に削られるような場合等が，これに該当するとされています。

（伊藤広樹）

Comment

　前記Q26（見直しの範囲・対象）のComment欄でも付言されていますが，この目的等による制限は，株主総会当日の修正動議についても当てはまることとなります。株主総会当日の修正動議の場合，当初提案されている議案から一般的に予見し得る範囲に限り株主提案が可能と解されていますので，本文中の制限事由①のように，主観的要件を踏まえた制限の発動は実務的には難しいかもしれません。他方，制限事由②については，「株主総会の適切な運営が著しく妨げられる」という客観的要件であり，本文中にもあるように，中間試案の補足説明において具体的な場面についても言及されていますので，株主総会当日の修正動議対応として押さえておくことは有用かと思われます。具体的な事例も踏まえ，株主総会議事運営要領等の社内規程に新たに明定しておくことが考えられます。

（清水博之）

第3部

議決権行使書面の閲覧等

Q30 議決権行使書面の閲覧等の手続の見直し

要綱では，株主総会における議決権行使書面の閲覧・謄写の手続に関して見直しがなされているようですが，具体的にどのような見直しがなされているのでしょうか。

1 議決権行使書面の閲覧・謄写制限が取り上げられた背景

　要綱では，「第3　その他」中の「2　議決権行使書面の閲覧等」において，①議決権行使書面の閲覧・謄写を請求する際には請求の理由を明らかにする必要があること，②議決権行使書面の閲覧・謄写請求の際に会社が当該請求を拒否できる事由，をそれぞれ定めています（要綱第3部第3の2）。

　この議決権行使書面の閲覧・謄写制限については，経団連より検討依頼があったものです。経団連が行った実態調査によると，「同一の株主から3年間続けて閲覧請求がなされ，3年のうち2年間は閲覧謄写の期間が20日間にもわたり，部屋の手配，閲覧中の社員の立会い等業務に多大な負担が生じた」事例や，「株主提案を行った株主から閲覧謄写請求があり，株主提案に賛成した株主を割り出し，翌年，自ら提案する株主提案権の共同提案者となることを勧誘したり，カンパを募るために郵便物を送付したことにより株主から会社にクレームが入り，多大な迷惑を被った」事例が確認された旨の報告がなされ，現行会社法上，株主の請求目的の開示が求められておらず，拒否事由も定められていないことから，会社としては請求に応じざるを得ない点を指摘して，一定の制限を設けることが求められたものです。

2 具体的な見直しの内容

　現行会社法では，この議決権行使書面の閲覧・謄写請求に関して請求理由を

第3部　議決権行使書面の閲覧等　131

明示させる規定や，会社が請求を拒否できる事項を定める規定は設けられておらず，閲覧・謄写拒否事由が定められている株主名簿の閲覧・謄写請求が拒絶された場合に，株主の情報を獲得するために，この議決権行使書面の閲覧・謄写請求が濫用的に利用される懸念が指摘されていました。

この議決権行使書面の閲覧制限に係る具体的な見直しについて，以下の表では，①要綱の内容，②中間試案で採用されていた案，③株主名簿の閲覧・謄写制限（会社法125条）を比較しています。

要　綱	中間試案	会社法125条（株主名簿）
請求には理由の明示が必要	請求には理由の明示が必要	請求には理由の明示が必要
【請求拒否事由】		
ア．株主がその権利の確保又は行使に関する調査以外の目的で請求を行ったとき	ア． 〈A案〉 　株主が株主総会の招集の手続又は決議の方法（書面による議決権の行使に関するものに限る）に関する調査以外の目的で請求を行ったとき 〈B案〉 　株主がその権利の確保又は行使に関する調査以外の目的で請求を行ったとき	①　株主又は債権者がその権利の確保又は行使に関する調査以外の目的で請求を行ったとき
イ．株主が当該株式会社の業務の遂行を妨げ，又は株主の共同の利益を害する目的で請求を行ったとき	イ．株主が当該株式会社の業務の遂行を妨げ，又は株主の共同の利益を害する目的で請求を行ったとき	②　請求者が当該株式会社の業務の遂行を妨げ，又は株主の共同の利益を害する目的で請求を行ったとき
ウ．株主が議決権行使書面の閲覧又は謄写によって知り得た事実を利益を得て第三者に通報するため請求を行ったとき	ウ．株主が議決権行使書面の閲覧又は謄写によって知り得た事実を利益を得て第三者に通報するため請求を行ったとき	③　請求者が株主名簿の閲覧又は謄写によって知り得た事実を利益を得て第三者に通報するため請求を行ったとき

132　第3部　議決権行使書面の閲覧等

エ．株主が，過去2年以内において，議決権行使書面の閲覧又は謄写によって知り得た事実を利益を得て第三者に通報したことがあるものであるとき	エ．株主が，過去2年以内において，議決権行使書面の閲覧又は謄写によって知り得た事実を利益を得て第三者に通報したことがあるものであるとき	④　請求者が，過去2年以内において，株主名簿の閲覧又は謄写によって知り得た事実を利益を得て第三者に通報したことがあるものであるとき

　ご覧のとおり，要綱では，議決権行使書面の閲覧・謄写制限事由として，株主名簿の閲覧制限・謄写事由と同様のものが採用されています。当初，この議決権行使書面の閲覧・謄写制限を提案した経団連からは，議決権行使書面の閲覧・謄写の本来の目的は，決議の適法性，取消事由の有無の確認にあるとして，これ以外の目的の請求が拒絶できる案（中間試案のアA案）が支持されていました。もっとも，中間試案に対して寄せられた意見として，「株主名簿の閲覧謄写請求において認められている範囲よりも閲覧謄写を制限するような規律は，閲覧謄写請求権の濫用的な行使を制限するという趣旨に照らして過剰な制限となる」というものや，「議決権行使書面の閲覧は少数株主が共同で株主提案をするために不可欠であり，議決権行使書面の閲覧請求権が制限されると，自らの株主提案に賛同していた株主に連絡し，共同提案者となることを依頼するという手法で株主提案をすることができなくなる」といったものがあり，これらを踏まえ，「一定の場合において議決権行使書面の閲覧等を制限する趣旨は，その議決権行使書面の閲覧謄写請求権の濫用的な行使に対応することができるようにすることにあり，これを過剰に制限することは妥当ではない」，「権利の濫用とまでは認められないそのような目的（委任状の勧誘）で行う閲覧等の請求を制限することについては，慎重な検討が必要であると考えられる」との補足説明が法務省よりなされ，最終的には要綱の内容に落ち着いています。なお，要綱では，議決権行使書面の閲覧・謄写請求について新たに規定が設けられることとされていますが，当然のことながら，書面である議決権行使書面と同様の機能を有する電磁的方法による議決権の行使の場合（会社法312条5項）や委任状の場合（会社法310条7項）についても，同様の規律を設けることとされて

います。

考えられる今後の実務対応

　従前より議決権行使書面の閲覧・謄写の請求は認められていましたが，要綱に従い会社法が改正された場合，株主は，その請求理由を明示する必要が新たに生じることとなります。

　各社で既に用意されている株主権行使に係る対応マニュアルにおいて，この議決権行使書面等への閲覧・謄写の請求への対応を規定している場合，請求書の書式や判断プロセスの見直し等，所要の修正を行う必要性の有無について検討することが考えられます。

（清水博之）

> **Comment**
> 　この議決権行使書面の閲覧等の手続に関する見直しも，株主提案権の見直しと同様に，濫用的な株主権の行使への対応という点で問題意識を同一にするものです。この見直しにより，会社と株主との間の対話がより健全なものとなることが期待されます。
> （伊藤広樹）

〈編著者紹介〉

伊藤　広樹（いとう　ひろき）

岩田合同法律事務所　パートナー弁護士

　2007年弁護士登録。主にM&A取引，会社法・金融商品取引法を始めとするコーポレート分野に関するアドバイスを行う。株主総会対応の他，上場会社の資本政策，上場会社の役員の善管注意義務やコーポレートガバナンスの構築・運用等に関する法的助言，商事紛争等も専門とする。

　主な著書・論文に，『新・株主総会物語─8つのストーリーで学ぶ総会実務』（共編著，商事法務，2017），『金融機関役員の法務─コーポレートガバナンスコード時代の職責』（共著，金融財政事情研究会，2016），「新任監査役入門講座─権限・責任・不祥事対応等」（共著，月刊監査役2018年7月号〜同年12月号（連載））等。

〈著者紹介〉

清水　博之（しみず　ひろゆき）

みずほ信託銀行株式会社　株式戦略コンサルティング部　参事役

1988年安田信託銀行（現みずほ信託銀行）入社。2014年4月より現職。主な著書・論文に，『基礎から学ぶ株式実務（全訂第2版）』（共著，商事法務，2010），『企業再編手続ガイドブック』（共著，商事法務，2007），『株主総会招集通知作成ガイドブック』（共著，中央経済社，2009）等。

中川　雅博（なかがわ　まさひろ）

三菱UFJ信託銀行株式会社　法人マーケット統括部次長

全国株懇連合会理事　東京株式懇話会常任幹事（研究部 研究第2部担当）

1990年東洋信託銀行（現三菱UFJ信託銀行）入社。2018年10月より現職。

主な著書・論文に，『株式事務の基礎知識』（商事法務，2009），「全株懇『株主総会プロセスの電子化について～株式実務からの一考察～』の解説」商事法務2147号（2017），「【平成三〇年株主総会の実務対応(3)】株主総会参考書類作成上の留意点（役員選任議案以外）」商事法務2161号（2018），「2019年6月株主総会への準備対応　ICGコード対応，会社法改正動向も押さえる本年株主総会の実務対応ポイント」経理情報1542号（2019）等。

茂木　美樹（もぎ　みき）

三井住友信託銀行株式会社　証券代行コンサルティング部　部長

1988年住友信託銀行（現三井住友信託銀行）入社。2017年10月より現職。経済産業省「当面の株主総会に関するタスクフォース」メンバー（2011年），経団連「建設的対話促進ワーキング・グループ」委員（2018年～2019年）。

主な著書・論文に，『株主総会・取締役会・監査役会の議事録作成ガイドブック（第2版補訂版）』（共著，商事法務，2019年3月），「役員報酬議案に係る実務上の留意点」（旬刊商事法務No.1893，2010年），「振替制度下の株式実務(3)株主権の行使―個別株主通知，単元未満株式の買取り・買増し等―」（旬刊商事法務No.1953，2011年）等。

会社法改正後の新しい株主総会実務

電子提供制度の創設等を踏まえて

2019年8月20日　第1版第1刷発行

編著者	伊	藤	広	樹
著　者	清	水	博	之
	中	川	雅	博
	茂	木	美	樹
発行者	山	本		継

発行所　㈱中央経済社

発売元　㈱中央経済グループ
　　　　パブリッシング

〒101-0051　東京都千代田区神田神保町1-31-2
電話　03 (3293) 3371 (編集代表)
　　　03 (3293) 3381 (営業代表)
http://www.chuokeizai.co.jp/
印刷／東光整版印刷㈱
製本／侑井上製本所

ⓒ 2019
Printed in Japan

＊頁の「欠落」や「順序違い」などがありましたらお取り替えいた
しますので発売元までご送付ください。(送料小社負担)
ISBN978-4-502-31501-5　C3032

JCOPY 〈出版者著作権管理機構委託出版物〉本書を無断で複写複製 (コピー) することは,
著作権法上の例外を除き,禁じられています。本書をコピーされる場合は事前に出版者著
作権管理機構 (JCOPY) の許諾を受けてください。
　JCOPY 〈http://www.jcopy.or.jp　eメール：info@jcopy.or.jp〉